Wie man seinen 24Std-Tag organisiert

Der englische Schriftsteller Arnold Bennett ist vor allem bekannt als Verfasser von 70-80 Romanen. Zu seiner Zeit war er zudem als Kritiker und Essayist von großem Einfluss. Sein Humor, ebenso wie seine Scharfzüngigkeit und die teilweise sehr originellen Ansichten kommen besonders gut in seinen essayistischen Schriften zum Tragen.

Arnold Bennett

Wie man seinen 24Std-Tag organisiert

und mehr Zeit gewinnt
für das wirkliche Leben

Aus dem Englischen übertragen und
herausgegeben von
Klaus-Dieter Sedlacek

Toppbook Ratgeber Bd. 9

Bibliografische Information der Deutschen Nationalbibliothek:
Die Deutsche Nationalbibliothek verzeichnet diese Publikation in der
Deutschen Nationalbibliografie; detaillierte bibliografische Daten
sind im Internet über dnb.dnb.de abrufbar

Übersetzung, Coverdesign, Satz in moderner Antiqua-Schrift:
Klaus-Dieter Sedlacek
https://toppbook.de

© 2020 Klaus-Dieter Sedlacek
Herstellung und Verlag: BoD – Books on Demand, Norderstedt

ISBN: 978-3-7504-4044-9

Inhaltsverzeichnis

VORWORT ZU DIESER AUSGABE

Dieses Vorwort, obwohl es als Vorwort an den Anfang gestellt wird, sollte am Ende des Buches gelesen werden.

Ich habe eine große Menge an Zuschriften zu diesem kleinen Werk und viele Besprechungen darüber erhalten - einige davon fast so lang, wie das Buch selbst gedruckt wurde. Aber kaum einer der Kommentare war negativ. Einige Leute haben sich gegen einen leichtfertigen Tonfall ausgesprochen; aber da der Tonfall meiner Meinung nach überhaupt nicht leichtfertig ist, hat mich dieser Einwand nicht beeindruckt; und wäre kein gewichtigerer Vorwurf vorgebracht worden, hätte man mich fast davon überzeugt, dass der Band makellos ist! Es wurde jedoch eine ernsthaftere Kritik vorgebracht - nicht in der Presse, sondern von verschiedenen offensichtlich aufrichtigen Korrespondenten - und ich muss mich damit befassen. Ein Hinweis im Text wird zeigen, dass ich diese Kritik erwartet und befürchtet habe. Der Satz, gegen den protestiert wurde, lautet wie folgt: "In den meisten Fällen empfindet er [der typische Mensch] nicht gerade eine Leidenschaft für sein Geschäft; bestenfalls missfällt es ihm nicht. Er beginnt seine geschäftlichen Tätigkeiten mit einer gewissen Zurückhaltung, so spät wie möglich, und er beendet sie mit Freude, so früh wie möglich. Und seine Antriebskräfte sind, während er sich mit seinem Geschäft befasst, selten voll ausgelastet".

Ich bin mir in unverkennbarer Aufrichtigkeit sicher, dass es viele Menschen im Berufsleben gibt -

nicht nur solche in hohen Positionen oder mit guten Aussichten, sondern auch bescheidene Untergebene, die keine Hoffnung haben, jemals viel besser dran zu sein -, die ihre geschäftlichen Funktionen genießen, die sich ihnen nicht entziehen, die nicht so spät wie möglich im Büro ankommen und so früh wie möglich gehen, die, mit einem Wort, ihre ganze Kraft in ihre tägliche Arbeit stecken und am Ende davon wirklich müde sind.

Ich bin bereit, das zu glauben. Ich glaube es wirklich. Ich weiß es. Ich habe es immer gewusst. Sowohl in London als auch in den Provinzen war es mein Los, lange Jahre in untergeordneten Angestelltensituationen zu verbringen; und es ist mir nicht entgangen, dass ein gewisser Anteil meiner Kollegen eine ehrliche Leidenschaft für ihre Pflichten zeigte und dass sie während der Ausübung dieser Pflichten wirklich in vollem Umfang gelebt haben, soweit sie dazu in der Lage waren. Aber ich bin nach wie vor davon überzeugt, dass diese glücklichen und ausgeglichenen Menschen (vielleicht glücklicher, als sie ahnten) keine Mehrheit oder so etwas wie eine Mehrheit bildeten und bilden. Ich bin nach wie vor davon überzeugt, dass die Mehrheit der anständigen, durchschnittlich gewissenhaften Berufstätigen (Menschen mit Bestrebungen und Idealen) in der Regel nicht nach einer wirklich anstrengenden Arbeit nach Hause gehen. Ich bin nach wie vor davon überzeugt, dass sie nicht so viel, sondern so wenig wie möglich von sich selbst in den Erwerb des Lebensunterhalts investieren und dass ihr Berufsleben sie eher langweilt als interessiert.

Dennoch gebe ich zu, dass die Minderheit wichtig genug ist, um Aufmerksamkeit zu verdienen, und dass ich sie nicht so völlig hätte ignorieren dürfen, wie ich es getan habe. Die ganze Schwierigkeit der hart arbeitenden Minderheit wurde von einem meiner Korrespondenten in einem einzigen umgangssprachlichen Satz zusammengefasst. Er schrieb: "Ich bin genauso scharf wie jeder andere darauf, etwas zu tun, um 'meine Tagesroutine zu überwinden', aber erlauben Sie mir, Ihnen zu sagen, dass ich, wenn ich um 18.30 Uhr nach Hause komme, nicht so frisch bin, wie Sie sich das vorstellen.

Nun muss ich darauf hinweisen, dass der Fall der Minderheit, die sich mit Leidenschaft und Begeisterung in ihre tägliche Arbeit stürzt, unendlich weniger bedauerlich ist als der Fall der Mehrheit, die halbherzig und schwach durch ihren offiziellen Tag geht. Erstere brauchen weniger Ratschläge "wie man leben soll". Jedenfalls sind sie an ihrem offiziellen Tag von etwa acht Stunden wirklich lebendig; ihre Motoren liefern die vollen angezeigten "PS". Die anderen acht Stunden ihres Tages mögen schlecht organisiert oder sogar verplempert sein; aber es ist weniger katastrophal, acht Stunden am Tag zu vergeuden als sechzehn Stunden am Tag; es ist besser, ein wenig gelebt zu haben, als gar nicht gelebt zu haben. Die wirkliche Tragödie ist die Tragödie des Menschen, der sich weder im Büro noch außerhalb davon anstrengen muss, und an den richtet sich dieses Buch in erster Linie. "Aber", sagt der andere und glücklichere Mensch, "obwohl mein gewöhnliches Arbeitsprogramm größer ist als jenes, möchte ich auch meine Routine überwinden! Ich lebe ein bisschen; ich will mehr leben. Aber ich kann nicht noch ein Tageswerk zusätzlich zu meinem offiziellen Tageswerk erledigen".

Tatsache ist, dass ich, der Autor, hätte vorhersehen müssen, dass ich mich am stärksten an diejenigen wenden sollte, die bereits ein Interesse an der Arbeit hatten. Es ist immer jener Mensch, der das

Leben erfahren hat, der mehr vom Leben verlangt. Und es ist immer jener Mensch, der nie aus dem Bett kommt, der am schwierigsten zu wecken ist.

Nun, Sie von der Minderheit, lassen Sie uns annehmen, dass die Intensität Ihres täglichen Geldverdienens es Ihnen nicht erlaubt, alle Vorschläge auf den folgenden Seiten umzusetzen. Einige der Vorschläge mögen dennoch Bestand haben. Ich gebe zu, dass Sie die Zeit, die Sie am Abend auf der Heimfahrt verbringen, vielleicht nicht nutzen können; aber der Vorschlag für die morgendliche Fahrt zum Büro ist für Sie so praktikabel wie für jeden anderen auch. Und dieses wöchentliche Intervall von vierzig Stunden, von Samstag bis Montag, gehört Ihnen genauso wie den anderen, auch wenn eine leichte Erschöpfung Sie vielleicht daran hindert, alle Ihre "PS" darauf zu verwenden. Es bleibt also der wichtige Teil von drei oder mehr Abenden in der Woche übrig. Sie sagen mir rundheraus, dass Sie zu müde sind, um am Abend etwas außerhalb Ihres Tagesprogramms zu tun. Darauf antworte ich Ihnen mit aller Deutlichkeit, dass, wenn Ihr normaler Arbeitstag so anstrengend ist, die Balance Ihres Lebens falsch ist und angepasst werden muss. Die Kräfte eines Menschen sollten nicht durch seine gewöhnliche Tagesroutine dominiert werden. Was ist also zu tun?

Es liegt auf der Hand, dass man seine Begeisterung für die gewöhnliche Arbeit durch eine List umgehen muss. Setzen Sie Ihre Motoren für etwas ein, das über das Arbeitsprogramm hinausgeht, bevor und nicht nachdem Sie sie für das Arbeitsprogramm selbst einsetzen. Kurz gesagt, stehen Sie morgens früher auf. Sie sagen, Sie können nicht. Sie sagen, es sei unmöglich, früher ins Bett zu gehen - das würde den ganzen Haushalt durcheinanderbringen. Ich glaube nicht, dass es ganz unmöglich ist, abends früher ins Bett zu gehen. Ich denke, wenn Sie weiterhin früher aufstehen, und die Folge ein Mangel an Schlaf ist, werden Sie bald eine Möglichkeit finden, früher zu Bett zu gehen. Aber ich habe den Eindruck, dass die Folgen des früheren Aufstehens kein Schlafmangel sein werden. Mein Eindruck, der jedes Jahr stärker wird, ist, dass der Schlaf teilweise eine Frage der Gewohnheit ist - und der Trägheit. Ich bin davon überzeugt, dass die meisten Menschen so lange schlafen, wie sie schlafen, weil sie keine andere Ablenkung finden. Wie viel Schlaf bekommt Ihrer Meinung nach täglich der mächtige gesunden Mann, der täglich in Ihrer Straße als Fahrer des Transporters von Carter Patterson rattert? Ich habe zu diesem Punkt einen Arzt konsultiert. Er ist ein Arzt, der seit vierundzwanzig Jahren eine große Allgemeinpraxis in einem großen blühenden Vorort von London hat, in dem genau solche Leute wie Sie und ich leben. Er ist ein schroffer Mann, und seine Antwort war schroff:

"Die meisten Menschen schlafen sich dämlich."

Er fuhr mit seiner Meinung fort, dass neun von zehn Personen eine bessere Gesundheit und mehr Spaß am Leben hätten, wenn sie weniger Zeit im Bett verbringen würden.

Andere Ärzte haben dieses Urteil bestätigt, das natürlich nicht für heranwachsende Jugendliche gilt.

Stehen Sie eine Stunde, anderthalb Stunden oder sogar zwei Stunden früher auf, und - wenn es sein muss - gehen Sie früher schlafen, wenn Sie können. Wenn es um die Überschreitung von Vorgaben geht, werden Sie in einer Morgenstunde genauso viel erreichen wie in zwei Abendstunden. "Aber", sagen Sie, "ich könnte nicht ohne etwas Essen und ohne Helfer den Tag anfangen." Sicherlich, mein lieber Freund, in einer Zeit, in der ein hervorragender Spiritusbrenner (einschließlich Kochgefäß) für weniger als einen Schilling gekauft werden kann, werden Sie es nicht zulassen, dass Ihr höchstes Wohlergehen von der prekären unmittelbaren Kooperation eines Mitgeschöpfes abhängt! Instruieren Sie die Mitgeschöpfe, wer auch immer sie sein mögen, abends. Sagen Sie ihnen, dass sie abends ein Tablett in eine geeignete Position bringen sollen. Auf diesem Tablett stehen zwei Kekse, eine Tasse mit Untertasse, eine Streichholzschachtel und ein Spiritusbrenner; darauf der Topf; auf dem Topf der Deckel, aber verkehrt herum nach oben gedreht; auf dem umgekehrten Deckel die kleine Teekanne, die eine winzige Menge Teeblätter enthält. Dann müssen Sie nur ein Streichholz anzünden - das ist alles. In drei Minuten kocht das Wasser, und Sie gießen es in die (bereits warme) Teekanne. In drei weiteren Minuten wird der Tee aufgegossen. Sie können Ihren Tag beginnen, während Sie ihn trinken. Diese Details mögen den Dummen vielleicht trivial erscheinen, aber den Umsichtigen werden sie nicht trivial erscheinen. Die richtige, weise Abwägung des gesamten Lebens kann von der Machbarkeit einer Tasse Tee zu einer ungewöhnlichen Stunde abhängen.

A. B.

I. DAS TÄGLICHE WUNDER

"Ja, er ist einer dieser Menschen, die nicht wissen, wie man es richtig macht. Gute Situation. Regelmäßiges Einkommen. Genug für Luxus und Bedürfnisse. Nicht wirklich extravagant. Und doch ist der Bursche immer in Schwierigkeiten. Irgendwie hat er nichts von seinem Geld. Ausgezeichnete Wohnung - halb leer! Sieht immer so aus, als hätte er die Broker als Untermieter. Neuer Anzug - alter Hut! Prächtige Bundhose zur Krawatte! Bittet Sie zum Abendessen: geschnittener, glasierter Hammel oder türkischer Kaffee, gesprungene Tasse! Das versteht keiner. Die Erklärung dafür ist einfach, dass er sein Einkommen verplempert. Ich wünschte, ich hätte die Hälfte davon! Ich würde ihm zeigen ..."

Wir haben also die meisten von uns irgendwann auf unsere überlegene Art und Weise kritisiert.

Wir sind fast alle Schatzkanzler: Das ist der Stolz des Augenblicks. Die Zeitungen sind voll von Artikeln, die erklären, wie man von dieser und jener Summe leben kann, und diese Artikel provozieren einen Schriftverkehr, dessen Heftigkeit das Interesse beweist, das sie hervorrufen. Kürzlich tobte in einem Tagesorgan eine Schlacht um die Frage, ob eine Frau mit 85 Pfund[1] im Jahr im Land gut leben kann. Ich habe einen Aufsatz gesehen, "Wie man von acht Schilling pro Woche leben kann". Aber ich habe noch nie einen Aufsatz gesehen: "Wie man vierundzwanzig Stunden am Tag leben kann". Dennoch wurde gesagt, dass Zeit Geld ist. Dieses

---

1   Anm. d. Hrsg.: Zu der Zeit, als der Text geschrieben wurde, war die Kaufkraft des englischen Pfunds ein Vielfaches höher als heute. Schätzungsweise betrugt die Kaufkraft eines Pfunds etwa € 250.

Sprichwort untertreibt den Fall. Zeit ist viel mehr als Geld. Wenn man Zeit hat, kann man Geld bekommen - normalerweise. Aber auch wenn Sie den Reichtum einer Garderobenfrau im Hotel Carlton haben, können Sie sich keine Minute mehr Zeit verschaffen als ich oder die Katze am Kamin.

Philosophen haben den Raum erklärt. Die Zeit haben sie nicht erklärt. Sie ist der unerklärliche Rohstoff von allem. Mit ihr ist alles möglich; ohne sie ist nichts möglich. Die Zufuhr von Zeit ist wirklich ein tägliches Wunder, eine wirklich erstaunliche Angelegenheit, wenn man sie untersucht. Sie wachen morgens auf, und siehe da, Ihr Zeitguthaben ist auf magische Weise vierundzwanzig Stunden lang mit dem unproduzierbaren Stoff des Universums Ihres Lebens aufgefüllt! Dieses Zeitguthaben gehört Ihnen. Es ist das wertvollste aller Besitztümer. Ein höchst einzigartiges Gut, das auf Sie in einer Weise herabregnet, die so einzigartig ist wie das Gut selbst!

Zur Bemerkung! Niemand kann es Ihnen wegnehmen. Es ist unverkäuflich. Und niemand erhält mehr oder weniger als Sie.

Das ist eine ideale Demokratie! Im Reich der Zeit gibt es keine Aristokratie des Reichtums und keine Aristokratie des Intellekts. Genialität wird nie mit auch nur einer zusätzlichen Stunde am Tag belohnt. Und es gibt keine Bestrafung. Verschwenden Sie Ihr unendlich kostbares Gut, soviel Sie wollen, und der tägliche Vorrat wird Ihnen niemals vorenthalten werden. Keine geheimnisvolle Macht wird sagen: "Dieser Mensch ist ein Narr, wenn nicht sogar ein Schurke. Er verdient kein Zeitguthaben, er muss bestraft werden." Das ist sicherer als ein

Trost, und die Auszahlung des Zeit-Einkommens wird durch die Sonntage nicht beeinträchtigt. Außerdem kann man nicht auf die Zukunft zugreifen. Es ist unmöglich, sich zu verschulden! Man kann nur den vergänglichen Augenblick vergeuden. Man kann nicht den Morgen vergeuden; er wird für Sie aufgehoben. Sie können die nächste Stunde nicht vergeuden, sie wird für Sie aufbewahrt.

Ich habe gesagt, dass die Sache ein Wunder ist. Ist sie das etwa nicht? Sie müssen von diesem vierundzwanzig Stunden langen Zeitguthaben leben. Daraus müssen Sie Gesundheit, Freude, Geld, Inhalt, Respekt und die Entfaltung Ihrer unsterblichen Seele gewinnen. Ihr richtiger Gebrauch, ihr effektivster Einsatz, ist eine Angelegenheit von höchster Dringlichkeit und spannendster Aktualität. Alles hängt davon ab. Ihr Glück - der schwer fassbare Wert, nach dem Sie sich alle sehnen, meine Freunde, hängt davon ab! Seltsam, dass die Zeitungen, so unternehmungslustig und aktuell wie sie sind, nicht voll sind von "Wie man von einem bestimmten Zeiteinkommen lebt", anstatt von "Wie man von einem bestimmten Geldeinkommen lebt"! Geld ist weitaus häufiger als Zeit. Wenn man darüber nachdenkt, stellt man fest, dass Geld so ziemlich das Häufigste ist, was es gibt. Es belastet die Erde in großen Haufen.

Wenn man es nicht schafft, von einem bestimmten Geldeinkommen zu leben, versucht man ein wenig mehr zu verdienen - oder stiehlt es. Man bringt sein Leben nicht unbedingt durcheinander, weil man mit tausend Pfund pro Jahr nicht ganz zurechtkommt; man spannt die Muskeln an und macht daraus Guineen[2] und gleicht den Haushalt aus. Aber wenn man nicht dafür sorgen kann, dass ein Einkommen von vierundzwanzig Stunden am Tag genau alle angemessenen Zeit-Aufwendungen deckt, dann bringt man sein Leben definitiv durcheinander. Das Zeitangebot, obwohl herrlich regelmäßig, ist grausam eingeschränkt.

Wer von uns lebt vierundzwanzig Stunden am Tag? Und wenn ich sage "lebt", meine ich nicht, dass er existiert oder "sich durchwühlt". Wer von uns ist frei von dem unbehaglichen Gefühl, dass die "großen Zeit-Ausgabenbereiche" seines täglichen Lebens nicht so verwaltet werden, wie sie es sein sollten? Wer von uns ist sich ganz sicher, dass sein feiner Anzug nicht von einem beschämenden Hut überragt wird, oder dass er beim Umgang mit dem Geschirr die Qualität des Essens vergessen hat? Wer von uns sagt sich nicht selbst - wer von uns hat sich nicht schon sein ganzes Leben lang gesagt: "Das werde ich ändern, wenn ich etwas mehr Zeit habe"?

Wir werden nie mehr Zeit haben. Wir hatten und haben immer alle Zeit, die uns zur Verfügung steht. Es ist die Erkenntnis dieser tiefen und vernachlässigten Wahrheit (die ich übrigens nicht entdeckt habe), die mich zu einer minutiösen praktischen Untersuchung des täglichen Zeitaufwandes geführt hat.

---

2   Anm. d. Hrsg.: Die **Guinee** war eine in Umlauf befindliche britische Goldmünze, die als erste maschinell hergestellt wurde. Ursprünglich betrug ihr Nennwert 20 britische Schilling, also ein Pfund Sterling.

II. DER WUNSCH DIE BISHERIGE ROUTINE ZU ÜBERWINDEN

"Aber", mag jemand anmerken, es ist so, dass der Engländer alles außer die Frage beantwortet, "was er mit seinen vierundzwanzig Stunden am Tag anfangen will?" Ich habe keine Schwierigkeiten, mit vierundzwanzig Stunden am Tag zu leben. Ich tue alles, was ich tun will, und finde trotzdem noch Zeit, um an Zeitungswettbewerben teilzunehmen. Sicherlich ist es eine einfache Angelegenheit, wenn man weiß, dass man nur vierundzwanzig Stunden am Tag hat, um sich mit vierundzwanzig Stunden am Tag zu begnügen!

Ihnen, mein lieber Herr, möchte ich meine Ausreden und Entschuldigungen vortragen. Sie sind genau der Mensch, den ich seit etwa vierzig Jahren kennenlernen möchte. Würden Sie mir freundlicherweise Ihren Namen und Ihre Adresse mitteilen und Ihren Preis dafür nennen, dass Sie mir sagen, wie Sie das machen? Anstatt dass ich mit Ihnen spreche, sollten Sie mit mir sprechen. Bitte treten Sie vor. Dass es Sie gibt, davon bin ich überzeugt, und dass ich Ihnen noch nicht begegnet bin, ist mein Verlust. In der Zwischenzeit, bis Sie erscheinen, werde ich weiter mit meinen Gefährten in der Not sprechen - dieser unzähligen Schar von Seelen, die mehr oder weniger schmerzlich von dem Gefühl verfolgt werden, dass die Jahre vergehen und vergehen und vergehen, und dass sie noch nicht in der Lage waren, ihr Leben in Ordnung zu bringen.

Wenn wir dieses Gefühl analysieren, werden wir es in erster Linie als ein Gefühl des Unbehagens, der Erwartung, des Blicks nach vorn, des Strebens wahrnehmen. Es ist eine Quelle ständigen Unbehagens, denn es verhält sich wie ein Skelett am Fest der Freuden, an denen wir alle teilnehmen. Wir gehen ins Theater und lachen; aber zwischen den Auftritten hebt es einen dürren Finger nach uns. Wir eilen hastig zum letzten Zug, und während wir auf dem Bahnsteig in hohem Alter frieren und auf den letzten Zug warten, spaziert er mit seinen Knochen an unserer Seite auf und ab und erkundigt sich: "Mensch, was hast du mit deiner Jugend gemacht? Was machst du mit deinem Alter?" Sie mögen darauf drängen, dass dieses Gefühl des ständigen Blicks nach vorn, des Strebens, zum Leben selbst gehört und untrennbar mit dem Leben selbst verbunden ist. Das ist wahr!

Aber es gibt Grade. Ein Mensch mag sich danach sehnen, nach Mekka zu gehen. Sein Gewissen sagt ihm, dass er nach Mekka gehen sollte. Er fährt los, entweder mit der Hilfe von Thomas Cook oder ohne Reiseveranstalter; vielleicht erreicht er Mekka nie; vielleicht ertrinkt er, bevor er in Port Said ankommt; vielleicht geht er an der Küste des Roten Meeres unrühmlich zugrunde; vielleicht bleibt sein Wunsch ewig unerfüllt. Unerfüllte Sehnsucht kann ihm immer Sorgen bereiten. Aber er wird nicht in der gleichen Weise gequält werden wie der Mensch, der in dem Wunsch, Mekka zu erreichen, und geplagt von dem Wunsch, Mekka zu erreichen, Brixton nie verlässt.

Es ist etwas, Brixton verlassen zu haben. Die meisten von uns haben Brixton nicht verlassen. Wir haben noch nicht einmal ein Taxi zum Ludgate Circus genommen und uns bei Cook's nach dem Preis

18

für eine Führung erkundigt. Und unsere Entschuldigung für uns selbst ist, dass wir nur vierundzwanzig Stunden am Tag haben.

Wenn wir unser vages, beunruhigendes Bestreben weiter analysieren, werden wir meiner Meinung nach sehen, dass es von der festen Vorstellung ausgeht, dass wir etwas zusätzlich zu den Dingen tun sollten, zu denen wir loyal und moralisch verpflichtet sind. Wir sind durch verschiedene geschriebene und ungeschriebene Kodizes verpflichtet, uns selbst und unsere Familien (falls es sie gibt) in Gesundheit und Komfort zu halten, unsere Schulden zu begleichen, zu sparen, unseren Wohlstand durch Steigerung, unserer Effizienz zu erhöhen. Eine ausreichend schwierige Aufgabe! Eine Aufgabe, die nur sehr wenige von uns erfüllen! Eine Aufgabe, die oft unsere Fähigkeiten übersteigt! Doch wenn wir sie erfolgreich bewältigen, wie wir es manchmal tun, sind wir nicht zufrieden; das Skelett ist noch immer bei uns.

Und selbst wenn wir erkennen, dass die Aufgabe jenseits unserer Fähigkeiten liegt, dass unsere Kräfte sie nicht bewältigen können, sind wir der Meinung, dass wir weniger unzufrieden sein sollten, wenn wir unseren bereits überforderten Kräften noch etwas mehr zu tun geben.

Und das ist in der Tat eine Tatsache. Der Wunsch, etwas außerhalb ihres formellen Tagesablaufs zu erreichen, ist allen Menschen gemeinsam, die im Laufe der Evolution über ein bestimmtes Niveau hinausgewachsen sind.

Solange man sich nicht bemüht, diesen Wunsch zu erfüllen, bleibt das Gefühl des unruhigen Wartens auf etwas, das noch nicht begonnen hat, um den Seelenfrieden zu stören. Dieser Wunsch ist mit vielen Namen belegt worden. Er ist eine Form des universellen Wunsches nach Wissen. Und er ist so stark, dass Menschen, die ihr ganzes Leben dem systematischen Erwerb von Wissen gewidmet haben, von ihm dazu getrieben wurden, die Grenzen ihres bisherigen Lebens auf der Suche nach noch mehr Wissen zu überwinden. Sogar Herbert Spencer, meiner Meinung nach der größte Geist, der je gelebt hat, wurde von ihm oft in angenehme kleine Rückzugsgebiete der Forschung gezwungen.

Ich stelle mir vor, dass bei der Mehrheit der Menschen, die sich des Wunsches besser zu leben bewusst sind - also Menschen, die eine intellektuelle Neugier haben -, das Bestreben, formelle Bildungsgänge zu überwinden, eine literarische Form annimmt. Sie möchten sich auf einen Lesekurs begeben. Das britische Volk wird entschiedenerweise immer literarischer. Aber ich möchte darauf hinweisen, dass die Literatur keineswegs das gesamte Wissensfeld umfasst, und dass der beunruhigende Durst, sich selbst zu verbessern, sein Wissen zu vermehren, durchaus auch abseits der Literatur gestillt werden kann. Auf die verschiedenen Arten des Löschens werde ich später eingehen. Hier sage ich nur denjenigen, die keine natürliche Sympathie für Literatur haben, dass die Literatur nicht das einzige Gut ist.

III. VORSICHTSMASSNAHMEN VOR DEM BEGINN

Nun, da es mir gelungen ist (wenn es mir überhaupt gelungen ist), Sie dazu zu bewegen, sich einzugestehen, dass Sie ständig von einer unterdrückten Unzufriedenheit über Ihre eigene Gestaltung Ihres Alltagslebens verfolgt werden; und dass die Hauptursache dieser unbequemen Unzufriedenheit das Gefühl ist, dass Sie jeden Tag etwas unerledigt lassen, was Sie gerne tun würden, und was Sie in der Tat immer dann zu tun hoffen, wenn Sie "mehr Zeit" haben; und nun, da ich Sie auf die eklatante, verblüffende Wahrheit aufmerksam gemacht habe, dass Sie niemals "mehr Zeit" haben werden, da Sie bereits alle Zeit haben, die es gibt - erwarten Sie, dass ich Sie in ein wunderbares Geheimnis einweihe, durch das Sie sich jedenfalls dem Ideal einer perfekten Tagesgestaltung nähern können und durch das somit diese eindringliche, unangenehme, tägliche Enttäuschung über nicht erledigte Dinge beseitigt wird!

Ich habe kein solches wunderbares Geheimnis gefunden. Ich erwarte auch nicht, dass ich es finde, und ich erwarte auch nicht, dass jemand anders es jemals finden wird. Es ist unentdeckt. Als Sie anfingen, sich in meine Richtung zu orientieren, gab es vielleicht eine Erneuerung der Hoffnung in Ihrer Brust. Vielleicht sagten Sie sich: "Dieser Mann wird mir einen einfachen, ermüdungsfreien Weg zeigen, um das zu tun, was ich mir so lange vergeblich gewünscht habe. Leider nein! Tatsache ist, dass es keinen einfachen Weg gibt, keinen königlichen. Der

Weg nach Mekka ist extrem hart und steinig, und das Schlimmste daran ist, dass man schließlich doch nie ganz dort ankommt.

Die wichtigste Vorbedingung für die Aufgabe, sein Leben so zu gestalten, dass man innerhalb des Tagesbudgets von vierundzwanzig Stunden voll und bequem leben kann, ist die ruhige Erkenntnis der extremen Schwierigkeit der Aufgabe, der Opfer und der endlosen Anstrengungen, die sie erfordert. Ich kann nicht genug auf diesem Punkt herumreiten.

Wenn Sie sich vorstellen, dass Sie Ihr Ideal erreichen können, indem Sie mit einem Stift auf einem Blatt Papier einen Zeitplan raffiniert ausarbeiten, sollten Sie die Hoffnung besser sofort aufgeben. Wenn Sie nicht auf Entmutigungen und Desillusionierungen vorbereitet sind; wenn Sie sich nicht mit einem kleinen Ergebnis für eine große Anstrengung zufriedengeben wollen, dann fangen Sie nicht an. Legen Sie sich wieder hin und nehmen Sie den unruhigen Dämmerzustand wieder auf, den Sie Ihre Existenz nennen.

Es ist sehr traurig, nicht wahr, sehr deprimierend und düster? Und doch finde ich es auch ganz gut, diese Notwendigkeit der angespannten Willensbindung, bevor etwas Sinnvolles getan werden kann. Mir selbst gefällt es ziemlich gut. Ich empfinde es als das Wichtigste, was mich von der Katze am Feuer unterscheidet.

"Nun", sagen Sie, "gehen Sie davon aus, dass ich für den Kampf gerüstet bin. Angenommen, ich habe Ihre gewichtigen Bemerkungen sorgfältig abgewogen und verstanden; wie soll ich beginnen?" Sehr geehrter Herr, sehr geehrte Frau, Sie fangen einfach an! Es gibt keine magische Methode des Anfangs.

Wenn jemand, der am Rande eines Schwimmbades steht und ins kalte Wasser springen will, Sie fragen würde: "Wie beginne ich zu springen?", würden Sie lediglich antworten: "Springen Sie einfach. Nehmen Sie Ihre Nerven in die Hand und springen Sie."

Wie ich bereits gesagt habe, ist das Schöne an der ständigen Zufuhr von Zeit, dass man sie nicht im Voraus verschwenden kann. Das nächste Jahr, der nächste Tag, die nächste Stunde liegt für Sie bereit, so perfekt, so unverdorben, als hätten Sie in Ihrer ganzen Karriere nie einen einzigen Moment verschwendet oder falsch eingesetzt. Diese Tatsache ist sehr erfreulich und beruhigend. Sie können jede Stunde ein neues Kapitel aufschlagen, wenn Sie wollen. Es ist daher kein Grund, bis zur nächsten Woche oder sogar bis Morgen zu warten. Sie können sich vorstellen, dass das Wasser nächste Woche wärmer sein wird. Das wird es aber nicht. Es wird kälter sein.

Aber bevor Sie beginnen, lassen Sie mich ein paar warnende Worte in Ihr privates Ohr murmeln.

Ich möchte Sie vor allem vor Ihrer eigenen Leidenschaft warnen. Eifer im Wohlergehen ist eine irreführende und verräterische Sache. Er schreit laut nach Arbeit; man kann ihn zunächst nicht befriedigen; er will immer mehr; er ist begierig darauf, Berge zu versetzen und Flussläufe umzuleiten. Er ist erst zufrieden, wenn man schwitzt. Und dann, zu oft, wenn man den Schweiß auf der Stirn spürt, wird der Eifer plötzlich müde und stirbt, ohne sich auch nur die Mühe zu machen zu sagen: "Ich habe genug davon".

Hüten Sie sich davor, am Anfang zu viel zu unternehmen. Begnügen Sie sich mit relativ wenig.

Lassen Sie Unvorhergesehenes zu. Berücksichtigen Sie die menschliche Natur, vor allem Ihre eigene.

Ein Versagen an sich wäre nicht wichtig, wenn es nicht zu einem Verlust an Selbstwertgefühl und Selbstvertrauen führen würde. Aber so wie nichts so erfolgreich ist wie der Erfolg, so ist auch nichts so unglücklich wie der Misserfolg. Die meisten Menschen, die ruiniert sind, werden durch zu viele Versuche ruiniert. Wenn wir uns also auf das immense Unterfangen einlassen, innerhalb der engen Grenzen von vierundzwanzig Stunden am Tag voll und bequem zu leben, sollten wir um jeden Preis das Risiko eines frühen Scheiterns vermeiden. Ich werde nicht zustimmen, dass in diesem Geschäft zumindest ein glorreiches Scheitern besser sein soll als ein kleiner Erfolg. Ich bin ganz und gar für den kleinen Erfolg. Ein glorreiches Scheitern führt zu nichts; ein unbedeutender Erfolg kann zu jenem Erfolg führen, der nicht unbedeutend ist.

Beginnen wir also mit der Analyse des Tagesbudgets. Sie sagen, Ihr Tag sei bereits voll bis zum Überlaufen. Wie ist das möglich? Wie viel geben Sie tatsächlich für Ihren Lebensunterhalt aus? Sieben Stunden im Durchschnitt? Und beim Schlaf, sieben? Ich füge zwei Stunden hinzu und bin großzügig. Und ich werde darauf bestehen, dass Sie mir spontan für die anderen acht Stunden Rechenschaft ablegen.

IV. DIE URSACHE DER PROBLEME

Um die Frage des Zeitaufwandes in ihrer ganzen Aktualität sofort in den Griff zu bekommen, muss ich einen Einzelfall zur Betrachtung auswählen. Ich kann mich nur mit einem einzigen Fall befassen, und dieser Fall kann nicht der Durchschnittsfall sein, denn es gibt keinen solchen Fall als Durchschnittsfall, so wie es auch keinen Durchschnittsmenschen gibt. Jeder Mensch und der Fall jedes Menschen ist ein besonderer Fall.

Aber wenn ich den Fall eines Londoners nehme, der in einem Büro arbeitet, dessen Bürozeiten von zehn Uhr morgens bis sechs Uhr abends sind und der morgens und abends fünfzig Minuten damit verbringt, zwischen seiner Haustür und seiner Bürotür hin- und herzupendeln, dann habe ich mich dem Durchschnitt so weit angenähert, wie es die Fakten erlauben. Es gibt Menschen, die länger arbeiten müssen, um ihren Lebensunterhalt zu verdienen, aber es gibt andere, die nicht so lange arbeiten müssen.

Zum Glück interessiert uns die finanzielle Seite des Daseins hier nicht; für unseren gegenwärtigen Zweck ist der Angestellte mit einem Pfund pro Woche genau so gut dran wie der Millionär in der Carlton House-Terrasse.

Nun ist der große und tiefgreifende Fehler, den mein typischer Fall in Bezug auf seine Zeit macht, ein Fehler der allgemeinen Einstellung, ein Fehler, der zwei Drittel seiner Energien und Interessen beeinträchtigt und schwächt. In den meisten Fällen empfindet er nicht gerade eine Leidenschaft für sein Geschäft; bestenfalls stört ihn das nicht. Er beginnt seine geschäftlichen Aufgaben mit Widerstreben, so spät wie möglich, und er beendet sie mit Freude, so früh wie möglich. Und seine Antriebskräfte, während er sich mit seiner Arbeit beschäftigt, sind selten auf dem vollen "PS-Niveau". (PS ist abgeleitet von der Einheit der Motorstärke. Ich weiß auch, dass ich von verärgerten Lesern beschuldigt werden werde, den Londoner Angestellten zu verleumden; aber ich bin ziemlich gut mit der Stadt vertraut und halte mich an das, was ich sage).

Trotz alledem betrachtet er diese Stunden von zehn bis sechs als "den Tag", zu dem die zehn Stunden vor und die sechs Stunden nach ihnen nichts anderes als ein Prolog und ein Epilog sind. Eine solche Haltung, so unbewusst sie auch sein mag, tötet natürlich sein Interesse an den sechzehn Stunden, mit dem Ergebnis, dass er sie, auch wenn er sie nicht vergeudet, nicht zählt; er betrachtet sie einfach als Marge.

Diese allgemeine Haltung ist völlig unlogisch und ungesund, da sie formell einem Stück Zeit und einer Reihe von Aktivitäten den Vorrang gibt, die der Mensch nach seiner Vorstellung "durchstehen" und "erledigt" haben sollte. Wenn ein Mensch zwei Drittel seiner Existenz einem Drittel unterordnet, wofür er zugegebenermaßen keinen absolut fieberhaften Elan verspürt, wie kann er dann hoffen, vollständig und umfassend zu leben? Er kann es nicht.

Wenn mein typischer Londoner ein vollwertiges und vollständiges Leben führen will, muss er in seinem Kopf einen ganzen Tag innerhalb eines einzigen Tages organisieren. Und dieser innere Tag, eine chinesische Schachtel in einer größeren chinesischen Schachtel, muss um 18 Uhr beginnen und um 10 Uhr enden. Es ist ein Tag von sechzehn Stunden; und während all dieser sechzehn Stunden hat er nichts anderes zu tun, als seinen Körper und seine Seele und seine Mitmenschen zu pflegen. Während dieser sechzehn Stunden ist er frei; er ist kein Lohnempfänger; er ist nicht mit Geldsorgen beschäftigt; er ist genauso gut wie ein Mensch mit einem Privatvermögen. Das muss seine Einstellung sein. Und seine Einstellung ist ausschlaggebend. Sein Erfolg im Leben (viel wichtiger als die Höhe des Nachlasses, von dem seine Nachlassverwalter die Erbschaftssteuer zahlen müssen) hängt davon ab.

Was? Sie sagen, dass die volle Energie, die man in diesen sechzehn Stunden aufbringt, den Wert der acht geschäftlichen Stunden mindert? Das ist nicht der Fall. Im Gegenteil, sie wird den Wert der Geschäfts-Acht mit Sicherheit erhöhen. Eines der wichtigsten Dinge, die meine typische Person lernen muss, ist, dass die geistigen Fähigkeiten zu einer kontinuierlichen harten Tätigkeit fähig sind; sie ermüden nicht wie ein Arm oder ein Bein. Alles, was sie wollen, ist Abwechslung - keine Ruhe, außer im Schlaf.

Ich werde nun die derzeitige Praxis des typischen Durchschnitts-Londoners untersuchen, die sechzehn Stunden zu nutzen, die ganz und gar ihm gehören, beginnend mit seinem Aufstehen. Ich werde lediglich auf Dinge hinweisen, die er tut und die er meiner Meinung nach nicht tun sollte, und meine Vorschläge für die "Nutzung" der Zeiten angeben, die ich wegräumen lassen möchte - so wie ein Siedler Platz in einem Wald rodet.

Um ihm gerecht zu werden, muss ich ihm sagen, dass er sehr wenig Zeit verschwenden sollte, bevor er morgens um 9:10 Uhr das Haus verlässt. In zu vielen Häusern steht er um neun Uhr auf, frühstückt zwischen 9:07 und 9:09½ und macht sich dann davon. Aber sofort stößt er mit der Haustür zusammen und seine geistigen Fähigkeiten, die nicht ermüden, bleiben brachliegen. Er geht in einem Zustand des geistigen Komas zur Station. Dort angekommen muss er normalerweise auf den Zug warten. Auf Hunderten von Vorstadtbahnhöfen sieht man jeden Morgen Menschen, die ruhig auf den Bahnsteigen auf und ab schlendern, während die Eisenbahngesellschaften ihnen schamlos die Zeit rauben, die mehr als nur Geld ist. Hunderttausende von Stunden gehen so jeden Tag verloren, nur weil mein typischer Bürger so wenig Zeit hat, dass ihm nie in den Sinn gekommen ist, ganz einfach Vorkehrungen gegen das Risiko des Zeitverlustes zu treffen.

Er hat eine solide Münze Zeit, die er jeden Tag investieren kann - nennen Sie diese einen Sovereign[3]. Er muss dafür Wechselgeld bekommen, und wenn er Wechselgeld bekommt, ist er damit zufrieden, viel zu verlieren.

Angenommen, das Ticket wird ihm von der Gesellschaft verkauft und sie sagt: "Wir werden Ihnen Wechselgeld für den Sovereign geben, aber wir wer-

---

3   Anm. d. Hrsg.: Der Sovereign ist eine engl. Goldmünze. im Nennwert von einem Pfund Sterling zu 20 Schilling Sovereigns haben ein Raugewicht von 7,98805 g und einen Feingehalt von 22 Karat (916⅔/1000). Die Ära der Sovereigns als Zahlungsmittel endete in Großbritannien während des Ersten Weltkriegs.

den Ihnen dafür zusätzlich drei halbe Pennys berechnen", was würde dann mein typischer Bürgerl dazu sagen? Aber das ist das Äquivalent zu dem, was die Firma tut, wenn sie ihm zweimal täglich fünf Minuten raubt.

Sie sagen, ich befasse mich mit Minuten. Das tue ich auch. Und später werde ich mich auch dafür rechtfertigen.

Würden Sie jetzt freundlicherweise Ihre Zeitung kaufen und in den Zug steigen?

V. TENNIS UND DIE UNSTERBLICHE SEELE

Sie steigen mit Ihrer Zeitung in den Morgenzug, und Sie geben sich ruhig und majestätisch Ihrer Zeitung hin. Sie beeilen sich nicht. Sie wissen, dass Sie mindestens eine halbe Stunde lang die Sicherheit Ihrer Zeitung vor sich haben. Während Ihr Blick untätig auf die Schifffahrtsanzeigen und die Lieder auf den Außenseiten verweilt, ist Ihre Ausstrahlung die eines gemächlichen, zeitlich wohlhabenden Menschen, eines Menschen von irgendeinem Planeten, auf dem es hundertvierundzwanzig Stunden am Tag statt vierundzwanzig gibt. Ich bin ein leidenschaftlicher Leser von Zeitungen. Ich lese fünf englische und zwei französische Tageszeitungen, und nur die Zeitungshändler wissen, wie viele Wochenzeitungen regelmäßig erscheinen und gekauft werden. Ich bin verpflichtet, diese persönliche Tatsache zu erwähnen, damit mir nicht ein Vorurteil gegen Zeitungen vorgeworfen werden kann, wenn ich sage, dass ich gegen das Lesen von Zeitungen im Morgenzug Einspruch erhebe. Zeitungen werden schnell produziert, um schnell gelesen zu werden. In meinem Tagesprogramm gibt es keinen Platz für Zeitungen. Ich lese sie so, wie es mir in gelegentlichen Momenten passt. Aber ich lese sie. Der Gedanke, ihnen dreißig oder vierzig aufeinanderfolgende Minuten wunderbarer Zurückgezogenheit zu widmen (denn nirgendwo kann man so perfekt in sich selbst versenken wie in einem Abteil voller schweigsamer, zurückhaltender, rauchender Menschen) ist mir zuwider. Ich kann Ihnen unmöglich erlauben, unbezahlbare Perlen der Zeit mit solch einer orientalischen Verschwendung zu verstreuen. Sie sind nicht der Schah der Zeit. Lassen Sie mich Sie respektvoll daran erinnern, dass Sie nicht mehr Zeit haben als ich. Kein Zeitungslesen in Zügen! Ich habe bereits eine Dreiviertelstunde dafür "aufgewendet".

Jetzt erreichen Sie Ihr Büro. Und ich lasse Sie dort bis sechs Uhr zurück. Mir ist bewusst, dass Sie nominell eine Stunde (in Wirklichkeit oft anderthalb Stunden) mitten am Tag haben, von der weniger als die Hälfte der Zeit zum Essen zur Verfügung steht. Aber ich überlasse es Ihnen, all diese Zeit nach Belieben zu verbringen. Sie können dann Ihre Zeitungen lesen.

Ich treffe Sie wieder, wenn Sie aus Ihrem Büro kommen. Sie sind blass und müde. Jedenfalls sagt Ihr Ehepartner, dass Sie blass sind, und Sie geben ihm zu verstehen, dass Sie müde sind. Während der Heimreise haben Sie sich allmählich das Gefühl der Müdigkeit erarbeitet. Wie eine tugendhafte und melancholische Wolke hängt die Müdigkeit vor allem im Winter schwer über den mächtigen Vorstädten Londons. Man isst nicht sofort nach der Ankunft zu Hause. Aber in etwa einer Stunde oder so fühlt man sich, als könnte man sich zusammensetzen und ein wenig Nahrung zu sich nehmen. Und das tun Sie auch. Dann rauchen Sie ernsthaft; Sie sehen Freunde; Sie werkeln; Sie spielen Karten; Sie liebäugeln mit einem Buch; Sie merken, dass das Alter sich anschleicht; Sie machen einen Spaziergang; Sie spielen Klavier... Bei Jupiter! um Viertel nach elf. Dann denken Sie vierzig Minuten lang darüber nach, ob Sie ins Bett gehen sollten; und es ist denkbar, dass Sie einen wirklich guten Whisky kennen. Endlich gehen Sie schlafen, erschöpft von der Arbeit des Tages. Sechs Stunden, wahrscheinlich mehr, sind vergangen, seit Sie das Büro verlassen haben - wie ein Traum, wie ein Zauber, unerklärlich verschwunden!

Das ist ein schöner Musterfall. Aber Sie sagen: "Es ist gut, dass Sie reden. Ein Mensch ist müde. Ein Mensch muss seine Freunde sehen. Er kann nicht immer unterwegs sein." Genau so ist es. Aber was passiert, wenn Sie sich für einen Theaterbesuch (vor allem mit einem attraktiven Wesen) entscheiden? Man eilt in die Vorstadt; man scheut keine Mühen, um sich in feiner Kleidung glanzvoll zu kleiden; man eilt mit einem anderen Zug in die Stadt zurück; man bleibt vier, wenn nicht sogar fünf Stunden unterwegs; man bringt diese Person nach Hause; man bringt sich selbst nach Hause. Man verbringt eine dreiviertel Stunde damit, "über" das Schlafengehen nachzudenken. Sie fahren. Freunde und Müdigkeit sind ebenso vergessen worden, und der Abend kam einem so exquisit lang (oder vielleicht zu kurz) vor! Und erinnern Sie sich an die Zeit, als Sie dazu überredet wurden, im Chor der Laienopern-Gesellschaft zu singen, und drei Monate lang jede zweite Nacht zwei Stunden schufteten? Können Sie leugnen, dass, wenn Sie etwas Bestimmtes vorhaben, auf das Sie sich in der Abendzeit freuen können, etwas, das Ihre ganze Energie erfordert - der Gedanke an dieses Etwas dem ganzen Tag einen Glanz verleiht und eine intensivere Vitalität?

Ich schlage vor, dass Sie um sechs Uhr den Tatsachen ins Auge sehen und zugeben, dass Sie nicht müde sind (weil Sie es nicht sind, Sie wissen schon), und dass Sie Ihren Abend so gestalten, dass er nicht durch ein Essen unterbrochen wird. Auf diese Weise haben Sie eine freie Zeitspanne von mindestens drei Stunden. Ich schlage nicht vor, dass Sie jeden Abend Ihres Lebens drei Stunden damit verbringen sollten, Ihre geistige Energie einzusetzen. Aber ich schlage vor, dass Sie zu Beginn jeden zweiten Abend eineinhalb Stunden für eine wichtige und kontinuierliche Förderung des Geistes verwenden. Es bleiben Ihnen noch drei Abende für Freunde, Bridge, Tennis, häusliche Aktivitäten, seltsame Lektüre, Pfeifen, Gartenarbeit, Töpfern und Preisausschreiben. Sie werden immer noch den grandiosen Reichtum von fünfundvierzig Stunden zwischen Samstag 14:00 Uhr und Montag 10:00 Uhr haben. Wenn Sie durchhalten, werden Sie bald vier, vielleicht sogar fünf Abende verbringen wollen, in dem Bemühen, wirklich lebendig zu sein. Und Sie werden die Gewohnheit ablegen, um 23:15 Uhr "Zeit, über das Schlafengehen nachzudenken" vor sich hinzumurmeln. Der Mensch, der vierzig Minuten, bevor er seine Schlafzimmertür öffnet, über das zu Bett gehen nachdenkt, langweilt sich, d.h. er lebt nicht.

Aber denken Sie daran, dass am Anfang die dreimal wöchentlich neunzig Abendminuten die wichtigsten Minuten unter den zehntausendachtzig sein müssen. Sie müssen heilig sein, genauso heilig wie eine dramatische Probe oder ein Tennisspiel. Anstatt zu sagen: "Tut mir leid, dass ich dich nicht sehen kann, mein Schatz, aber ich muss zum Tennisklub fahren", müssen Si sagen: "... aber ich muss arbeiten." Ich gebe zu, das ist sehr schwer zu sagen. Tennis ist so viel dringlicher als die unsterbliche Seele.

VI. DENKEN SIE AN DIE MENSCHLICHE NATUR

Ich habe übrigens die große Zeitspanne von vierundvierzig Stunden zwischen dem Verlassen des Geschäfts am Samstag um 14 Uhr und der Rückkehr zum Geschäft am Montag um 10 Uhr erwähnt. Und hier muss ich auf den Punkt eingehen, ob die Woche aus fünf oder sechs oder sieben Tagen bestehen soll. Viele Jahre lang - bis ich mich den vierzig Jahren näherte - bestand meine eigene Woche aus sieben Tagen. Ich wurde ständig von älteren und klügeren Menschen darüber informiert, dass man aus sechs Tagen[4] mehr Arbeit, ein echteres Leben, herausholen könne als aus sieben.

Und es ist sicherlich wahr, dass ich jetzt, da jeder siebte Tag, an dem ich kein Arbeitsprogramm befolge und keine Anstrengungen unternehme, außer dem, was die Laune des Augenblicks diktiert, den moralischen Wert einer wöchentlichen Ruhezeit sehr schätze. Dennoch würde ich, wenn ich mein Leben wieder in Ordnung bringen müsste, wieder so handeln, wie ich es getan habe. Nur diejenigen, die lange Zeit an sieben Tagen in der Woche mit voller Kraft gearbeitet haben, können die ganze Schönheit eines regelmäßig wiederkehrenden Müßiggangs schätzen. Außerdem werde ich älter. Und es ist eine Frage des Alters. In Fällen von reichlicher Jugend und außergewöhnlicher Energie und Lust auf Anstrengung sollte ich ohne Zögern feststellen, dass es sich um eine Frage des Alters handelt: Machen Sie weiter, tagein, tagaus.

---

4 Anm. d. Hrsg.: Zu der Zeit, als dieser Text entstand, war die 6-Tage-Woche üblich.

Aber im durchschnittlichen Fall muss ich sagen: Beschränken Sie Ihr formelles Programm (Superprogramm, meine ich) auf sechs Tage in der Woche. Wenn Sie es verlängern wollen, verlängern Sie es, aber nur im Verhältnis zu Ihrem Wunsch; und zählen Sie die zusätzliche Zeit als ein Geschenk, nicht als regelmäßiges Einkommen, sodass Sie zu einem Sechstageprogramm zurückkehren können, ohne das Gefühl zu haben, ärmer zu sein oder ein Rückfälliger zu sein.

Lassen Sie uns nun sehen, wo wir stehen. Bisher haben wir uns dafür eingesetzt, aus der Verschwendung von Tagen eine halbe Stunde an mindestens sechs Morgen pro Woche und eineinhalb Stunden an drei Abenden pro Woche zu sparen. Insgesamt siebeneinhalb Stunden pro Woche.

Ich schlage vor, dass wir uns vorerst mit diesen siebeneinhalb Stunden begnügen. "Was?", rufen Sie. "Sie tun so, als würden Sie uns zeigen, wie man lebt, und Sie behandeln nur siebeneinhalb von hundertachtundsechzig Stunden! Werden Sie mit Ihren siebeneinhalb Stunden ein Wunder vollbringen?" Nun, um die Sache nicht zu verharmlosen, ich werde es tun - wenn Sie es mir bitte erlauben! Das heißt, ich werde Sie bitten, eine Erfahrung zu machen, die zwar völlig natürlich und erklärbar ist, die aber den Anschein eines Wunders hat. Ich behaupte, dass die volle Nutzung dieser siebeneinhalb Stunden das ganze Leben der Woche beschleunigen, ihr Schwung verleihen und das Interesse, das Sie selbst an den banalsten Tätigkeiten empfinden, erhöhen wird. Sie praktizieren morgens und abends nur zehn Minuten lang körperliche Übungen, und dennoch ist es nicht verwunderlich, wenn sich Ihre körperliche Gesundheit und Kraft zu jeder Stunde des Tages günstig auswirkt und sich Ihre gesamte körperliche Verfassung ändert. Worüber Sie eigentlich staunen sollten, ist, dass eine durchschnittlich über eine Stunde pro Tag ausgeübte geistige Übung die gesamte geistige Aktivität dauerhaft und vollständig belebt.

Man könnte sicherlich mehr Zeit für die Förderung des eigenen Selbst verwenden. Und in dem Maße, in dem die Zeit länger wäre, wären die Ergebnisse auch größer. Aber ich ziehe es vor, mit etwas zu beginnen, das wie eine unbedeutende Anstrengung aussieht.

Es ist nicht wirklich eine unbedeutende Anstrengung, wie diejenigen feststellen werden, die sich noch damit befassen müssen. Selbst siebeneinhalb Stunden aus dem Urwald zu "roden" ist ziemlich schwierig. Denn es müssen einige Opfer gebracht werden. Man mag seine Zeit schlecht verbracht haben, aber man hat sie verbraucht; man hat etwas damit gemacht, auch wenn man noch so schlecht beraten war. Etwas anderes zu tun, bedeutet eine Änderung der Gewohnheiten.

Und Gewohnheiten sind der Teufel, den man unbedingt überwinden muss! Außerdem ist jede Veränderung, auch eine Veränderung zum Besseren, immer mit Nachteilen und Unannehmlichkeiten verbunden. Wenn Sie sich vorstellen, dass Sie in der Lage sein werden, siebeneinhalb Stunden pro Woche ernsthafte, kontinuierliche Anstrengungen zu unternehmen und trotzdem Ihr altes Leben zu leben, dann irren Sie sich. Ich wiederhole, dass ein gewisses Maß an Opfern und ein immenser Wille notwendig sein werden. Und weil ich die Schwierigkeit kenne, weil ich die fast katastrophalen Auswirkungen eines Scheiterns in einem solchen Unternehmen kenne, rate ich ernsthaft zu einem sehr bescheidenen Anfang. Sie müssen Ihre Selbstachtung bewahren. Selbstachtung ist die Wurzel aller Zielstrebigkeit, und ein Scheitern in einem absichtlich geplanten Unternehmen schlägt eine schlimme Wunde in der Selbstachtung. Deshalb wiederhole ich es immer wieder: Beginnen Sie ruhig und unaufdringlich.

Wenn Sie drei Monate lang siebeneinhalb Stunden pro Woche gewissenhaft an der Förderung Ihrer Vitalität gearbeitet haben, dann können Sie anfangen, lauter zu singen und sich sagen, was für wunderbare Dinge Sie zu tun imstande sind.

Bevor ich auf die Methode der Nutzung der angegebenen Stunden eingehe, möchte ich einen letzten Vorschlag machen. Was die Abende betrifft, so sollten Sie sich weit mehr als eineinhalb Stunden Zeit nehmen, um die Arbeit von eineinhalb Stunden zu erledigen. Denken Sie an die Möglichkeit von unvorhergesehenen Ereignissen. Erinnern Sie sich an die menschliche Natur. Und geben Sie sich, sagen wir, von 21:00 Uhr bis 23:30 Uhr für Ihre Aufgabe von neunzig Minuten Zeit.

VII. DAS BEWUSSTSEIN KONTROLLIEREN

Die Leute sagen: "Man kann sich seiner Gedanken nicht entziehen." Aber man kann es. Die Steuerung der Denkmaschine ist durchaus möglich. Und da uns außerhalb unseres eigenen Gehirns nichts passiert, da uns nichts wehtut oder uns Freude bereitet, mit Ausnahme innerhalb des Gehirns, ist die höchste Bedeutung der Fähigkeit, das zu kontrollieren, was in diesem mysteriösen Gehirn vor sich geht, offenkundig. Diese Auffassung ist eine der ältesten Binsenweisheiten, aber es ist eine Binsenweisheit, deren tiefe Wahrheit und Dringlichkeit mit der die meisten Menschen unbewusst leben und sterben. Die Menschen beklagen sich über den Mangel an Konzentrationsfähigkeit, ohne zu wissen, dass sie die Macht dazu erlangen können, wenn sie wollen.

Und ohne die Macht, sich zu konzentrieren - d.h. ohne die Macht, dem Gehirn seine Aufgabe zu diktieren und seinen Gehorsam zu sicherzustellen - ist ein wahres Leben unmöglich. Bewusstseinskontrolle ist das wichtigste Element einer vollwertigen Existenz.

Daher sollte, so scheint mir, die erste Aufgabe des Tages darin bestehen, den Verstand auf Herz und Nieren zu prüfen. Man kümmert sich um seinen Körper, innen und außen; man läuft Gefahr, sich die Haare von der Haut zu kratzen; man beschäftigt eine ganze Armee von Individuen, vom Milchmann bis zum Schweinezüchter, um seinen Magen zu anständigem Verhalten zu überreden.

Warum widmen Sie nicht ein wenig Aufmerksamkeit den weitaus empfindlicheren Mechanismen des Geistes, zumal Sie keine fremde Hilfe benötigen werden? Für diesen Teil der Lebenskunst und des Lebenskunsthandwerks habe ich die Zeit vom Verlassen Ihrer Tür bis zur Ankunft in Ihrem Büro reserviert.

"Was? Ich soll meinen Geist auf der Straße, auf dem Bahnsteig, im Zug und wieder auf der belebten Straße kultivieren? Ganz genau. Nichts leichter als das! Keine Werkzeuge erforderlich! Nicht einmal ein Buch. Trotzdem ist die Sache nicht einfach.

Wenn Sie Ihr Haus verlassen, konzentrieren Sie Ihre Gedanken auf ein Thema (egal was, zunächst einmal). Sie werden keine zehn Meter weit gegangen sein, bevor Ihr Verstand vor Ihren eigenen Augen um die Ecke mit einem anderen Thema spielt.

Bringen Sie Ihre Gedanken am Schopf zurück. Sobald Sie den Bahnhof erreicht haben, werden Sie ihn etwa vierzig Mal zurückgebracht haben. Verzweifeln Sie nicht. Fahren Sie fort. Machen Sie weiter. Sie werden Erfolg haben. Sie können nicht zufällig scheitern, wenn Sie durchhalten. Es ist müßig, so zu tun, als sei Ihr Geist unfähig, sich zu konzentrieren. Erinnern Sie sich nicht an den Morgen, als Sie einen beunruhigenden Brief erhielten, der eine sehr sorgfältig formulierte Antwort verlangte? Wie Sie sich ohne Unterbrechung und ohne eine Sekunde zu zögern an das Thema der Antwort hielten, bis Sie Ihr Büro erreichten; woraufhin Sie sich sofort hinsetzten und die Antwort verfassten? Das war ein Fall, in dem Sie durch die Umstände so sehr aufgewühlt wurden, dass Sie in der Lage waren, Ihren Geist wie ein Tyrann zu beherrschen. Sie hatten keine Schwierigkeiten. Sie bestanden darauf, dass seine Arbeit getan werden sollte, und seine Arbeit wurde getan.

Durch die regelmäßige Praxis der Konzentration (wozu es kein Geheimrezept gibt - das Geheimrezept für Durchhaltevermögen) können Sie Ihren Geist (der nicht der wichtigste Teil von Ihnen ist) zu jeder Stunde des Tages und an jedem beliebigen Ort tyrannisieren. Die Übung ist sehr bequem. Wenn Sie mit einem Paar Hanteln für Ihre Muskeln oder einer zehnbändigen Enzyklopädie für Ihr Lernen in Ihren Morgenzug steigen würden, würden Sie wahrscheinlich Aufmerksamkeit erregen. Aber wenn Sie auf der Straße gehen, in der Ecke des Abteils hinter einem Rohr sitzen oder sich auf dem Boden stehend "an Haltegriffen festhalten", wer soll da wissen, dass Sie die wichtigsten täglichen Handlungen ausführen? Welcher dämliche Tölpel kann Sie auslachen?

Es ist mir egal, worauf Sie sich konzentrieren, solange Sie sich überhaupt konzentrieren. Es ist die bloße Disziplinierung der Denkmaschine, die zählt. Aber trotzdem können Sie genauso gut zwei Fliegen mit einer Klappe schlagen und sich auf etwas Nützliches konzentrieren. Ich schlage vor - es ist nur ein Vorschlag – über ein kleines Kapitel von Marcus Aurel oder Epiktet nachzudenken.

Scheuen Sie sich nicht, ich bitte Sie, vor ihren Namen zurückzuweichen. Ich selbst kenne nichts "Eigentlicheres", das mehr von gesundem Menschenverstand strotzt und auf das tägliche Leben einfacher Menschen wie Sie und ich (die Allüren, Posen und Unsinn hassen) anwendbar ist, als Marcus Aurel oder Epiktetus. Lesen Sie ein Kapitel am

Abend - die Kapitel sind kurz! - und konzentrieren Sie sich am nächsten Morgen darauf. Sie werden sehen.

Ja, mein Freund, es ist nutzlos, wenn Sie versuchen, die Tatsache zu verschleiern. Ich kann Ihr Gehirn wie ein Telefon an meinem Ohr hören. Sie sagen sich selbst: "Dieser Bursche hat sich bis zu seinem siebten Kapitel ziemlich gut geschlagen. Er hatte begonnen, mich ein klein wenig zu interessieren. Aber was er über das Nachdenken in Zügen, die Konzentration und so weiter sagt, ist nichts für mich. Für manche Leute mag es gut genug sein, aber es liegt nicht in meiner Branche."

Für Sie ist es das, ich wiederhole es leidenschaftlich, für Sie ist es das. Sie sind in der Tat genau der Mensch, an den ich mich wende.

Werfen Sie den Vorschlag weg, und Sie werfen den wertvollsten Vorschlag weg, der Ihnen jemals angeboten wurde. Das ist nicht mein Vorschlag. Es ist der Vorschlag der vernünftigsten, praktischsten, hartnäckigsten Männer, die auf der Erde gewandelt sind. Ich gebe ihn Ihnen nur aus zweiter Hand. Versuchen Sie es. Nehmen Sie Ihren Verstand in die Hand. Und sehen Sie, wie der Prozess die Hälfte der Übel des Lebens heilt - insbesondere die Sorge, diese elende, vermeidbare, schändliche Angst vor Krankheiten!

VIII. DIE SELBSTERKENNTNIS

Die Übung der Konzentration des Geistes (für die mindestens eine halbe Stunde pro Tag vorgesehen werden sollte) ist eine reine Vorübung, wie die Tonleitern auf dem Klavier. Nachdem man die Macht über das widerspenstigste Glied des komplexen Organismus erlangt hat, muss man es natürlich unter das Joch nehmen. Es ist nutzlos, einen gehorsamen Geist zu besitzen, wenn man nicht im größtmöglichen Maße von seinem Gehorsam profitiert. Ein längeres Primärstudium ist angezeigt.

Was nun dieses Studium sein soll, kann nicht in Frage gestellt werden; es hat nie eine Frage gegeben. Alle vernünftigen Menschen jeden Alters sind sich darüber einig. Und es ist weder Literatur, noch irgendeine andere Kunst, noch Geschichte, noch irgendeine Wissenschaft. Es ist das Studium des eigenen Selbst. Mensch, erkenne dich selbst! Diese Worte sind so abgedroschen, dass ich wahrlich erröte, sie zu schreiben. Doch sie müssen geschrieben werden, denn sie müssen geschrieben werden. (Ich nehme mein Erröten zurück, weil ich mich dafür schäme.) Mensch, erkenne dich selbst. Ich spreche es laut aus. Der Satz gehört zu den Sätzen, die jeder kennt, deren Wert jeder anerkennt und die nur die Klügsten in die Tat umsetzen. Ich weiß nicht, warum. Ich bin völlig davon überzeugt, dass es dem durchschnittlichen, gut meinenden Menschen von heute mehr als alles andere an der Selbsterkenntnis mangelt.

Wir reflektieren nicht. Ich meine, dass wir nicht über wirklich wichtige Dinge nachdenken; über das Problem unseres Glücks, über die Hauptrichtung, in die wir gehen, über das, was das Leben uns gibt, über den Anteil, den die Vernunft an der Bestimmung unserer Handlungen hat (oder nicht), und über die Beziehung zwischen unseren Prinzipien und unserem Verhalten.

Und doch sind Sie auf der Suche nach dem Glück, nicht wahr? Haben Sie es entdeckt?

Die Chancen stehen gut, dass Sie es nicht gefunden haben. Die Chancen stehen gut, dass Sie bereits zu der Überzeugung gelangt sind, dass das Glück unerreichbar ist. Aber es gibt Menschen, die es erlangt haben. Und sie haben es erreicht, indem sie erkannt haben, dass Glück nicht aus der Vermittlung von körperlicher oder geistiger Freude entsteht, sondern aus der Entwicklung der Vernunft und der Anpassung des Verhaltens an Prinzipien.

Ich nehme an, dass Sie nicht die Kühnheit haben werden, dies zu leugnen. Und wenn Sie es zugeben, und dennoch keinen Teil Ihres Tages der bewussten Betrachtung Ihrer Vernunft, Ihrer Prinzipien und Ihres Verhaltens widmen, geben Sie auch zu, dass Sie, während Sie nach einer bestimmten Sache streben, regelmäßig die eine Handlung, die zur Erreichung dieser Sache notwendig ist, unerledigt lassen.

Soll ich jetzt erröten oder werden Sie es tun?

Fürchten Sie nicht, dass ich Ihnen bestimmte Prinzipien aufdrängen will. Es ist mir (an dieser Stelle) egal, was Ihre Prinzipien sind. Ihre Prinzipien können Sie dazu veranlassen, an die Rechtschaffenheit von Einbrüchen zu glauben. Das macht mir nichts aus. Ich dränge nur darauf, dass ein Leben, in dem das Verhalten nicht recht mit den Prinzipien übereinstimmt, ein lächerliches Leben ist; und dass das Verhalten nur durch tägliche Prüfung, Reflexion und Lösung mit den Prinzipien in Einklang gebracht werden kann. Was zur dauerhaften Sorge der Einbrecher beiträgt, ist die Tatsache, dass ihre Prinzipien dem Einbruch entgegengesetzt sind. Wenn sie wirklich an die moralische Vortrefflichkeit des Einbruchs glaubten, würde die Gefängnisstrafe für sie einfach so viele glückliche Jahre bedeuten; alle Märtyrer sind glücklich, weil ihr Verhalten und ihre Prinzipien übereinstimmen.

Was die Vernunft betrifft (die das Verhalten ausmacht und nicht losgelöst von der Aufstellung von Prinzipien ist), so spielt sie in unserem Leben eine weitaus geringere Rolle, als wir uns vorstellen. Wir sollen vernünftig sein, aber wir sind viel mehr instinktiv als vernünftig. Und je weniger wir nachdenken, desto weniger vernünftig werden wir sein. Wenn Sie sich das nächste Mal über die Kellnerin ärgern, weil Ihr Steak zu lange gebraten ist, fragen Sie nach dem Grund dafür, ob Sie in die Kammer Ihres Verstandes eintreten und sie konsultieren dürfen. Sie wird Ihnen wahrscheinlich sagen, dass der Kellner das Steak nicht gekocht hat und keine Kontrolle über die Zubereitung des Steaks hatte; und dass Sie, selbst wenn der Kellner allein schuld war, nichts Gutes erreicht haben, indem Sie sich über ihn ärgern; Sie haben lediglich Ihre Würde verloren, sich in den Augen vernünftiger Männer als Narr entpuppt und den Kellner verärgert, während Sie keinerlei Wirkung auf das Steak ausgeübt haben.

Das Ergebnis dieser Beratung mit der Vernunft (für die sie keine Gebühr verlangt) wird sein, dass Sie, wenn Ihr Steak wieder einmal zu hart gebraten ist, den Kellner wie eine Mitschöpfung behandeln werden, ganz ruhig und freundlich bleiben und höflich auf ein neues Steak bestehen werden. Der Gewinn wird offensichtlich und handfest sein.

Bei der Bildung oder Modifizierung von Prinzipien und bei der Ausübung von Verhaltensweisen können gedruckte Bücher (ab einem Preis von sechs Pence) eine große Hilfe sein. In meinem letzten Kapitel habe ich Marcus Aurel und Epiktet erwähnt. Bestimmte, noch bekanntere Werke werden dem Gedächtnis sofort in Erinnerung bleiben. Ich darf auch Pascal, La Bruyere und Emerson erwähnen. Was mich selbst betrifft, so erwischen Sie mich nicht, dass ich ohne meinen Marcus Aurel unterwegs bin. Ja, Bücher sind wertvoll. Aber das Nicht-Lesen von Büchern ersetzt eine tägliche, ehrliche und aufrichtige Auseinandersetzung mit dem, was man in letzter Zeit getan hat und was man im Begriff ist zu tun – es ersetzt den ständigen Blick auf sich selbst und zwar ins Gesicht (so beunruhigend der Anblick auch sein mag).

Wann soll diese wichtige Aufgabe erfüllt werden? Die Einsamkeit der abendlichen Heimreise scheint mir dafür geeignet zu sein. Auf die Anstrengung, den Lebensunterhalt des Tages verdient zu haben, folgt natürlich eine nachdenkliche Stimmung. Wenn Sie es natürlich vorziehen, statt einer ele-

mentaren und zutiefst wichtigen Pflicht nachzu-
kommen, die Zeitung zu lesen (die Sie genauso gut
beim Warten auf Ihr Abendessen lesen könnten),
habe ich nichts zu sagen. Aber irgendwann am Tag
müssen Sie sich auch darum kümmern. Ich komme
nun zu den Abendstunden.

IX. INTERESSE AN DER KUNST

Viele Menschen betreiben einen regelmäßigen und ununterbrochenen abendlichen Müßiggang, weil sie meinen, es gäbe keine Alternative zum Müßiggang als das Studium der Literatur; und sie haben nicht zufällig einen Geschmack an Literatur gefunden. Das ist ein großer Fehler.

Natürlich ist es unmöglich, oder jedenfalls sehr schwierig, irgendetwas ohne die Hilfe von gedruckten Büchern richtig zu studieren. Aber wenn Sie die tieferen Geheimnisse des Brückenbaus oder der Schifffahrt verstehen wollen, würden Sie sich durch Ihr mangelndes Interesse an der Literatur nicht davon abhalten lassen, die besten Bücher über den Brückenbau oder die Schifffahrt zu lesen. Wir müssen daher zwischen Literatur und Büchern unterscheiden, die nicht literarische Themen behandeln. Ich werde zu gegebener Zeit auf die Literatur eingehen.

Lassen Sie mich nun denjenigen, die Meredith noch nie gelesen haben und die sich von einer Diskussion darüber, ob Mr. Stephen Phillips ein echter Dichter ist oder nicht, nicht beeindrucken lassen, antworten, dass sie völlig im Recht sind. Es ist kein Verbrechen, Literatur nicht zu lieben. Es ist kein Zeichen von Schwachsinn. Die hohen Priester und Mandarinen der Literatur werden die unglückliche Person, die beispielsweise den Einfluss von Wordsworth auf Tennyson nicht versteht, zur sofortigen Hinrichtung ausrufen. Aber das ist nur ihre Unverschämtheit. Ich frage mich, wo sie wohl wären, wenn sie gebeten würden, die Einflüsse zu erklären, die zu Tschaikowskys "Pathetischer Symphonie" geführt haben?

Es gibt enorme Wissensfelder, die außerhalb der Literatur liegen und die den Züchtern großartige Ergebnisse bringen. Zum Beispiel (da ich soeben das derzeit populärste Stück hochkarätiger Musik in England erwähnt habe), werde ich daran erinnert, dass die Promenadenkonzerte im August beginnen. Sie gehen wahrscheinlich zu ihnen. Sie rauchen Ihre Zigarre oder Zigarette (und ich bedauere, sagen zu müssen, dass Sie Ihre Streichhölzer während der weichen Takte der "Lohengrin"-Ouvertüre anzünden), und Sie genießen die Musik. Aber Sie sagen, dass Sie weder Klavier noch Fiedel oder gar Banjo spielen können; dass Sie nichts von Musik verstehen.

Was spielt das für eine Rolle? Dass Sie einen echten Musikgeschmack haben, beweist die Tatsache, dass der Dirigent, um seinen Saal mit Ihnen und Ihresgleichen zu füllen, verpflichtet ist, Programme anzubieten, aus denen schlechte Musik fast vollständig ausgeschlossen ist (eine Abwechslung zu den alten Covent Garden-Tagen!).

Nun muss Ihre Unfähigkeit, "Das Vaterunser" auf einem Klavier aufzuführen, Sie sicherlich nicht daran hindern, sich mit dem Aufbau des Orchesters vertraut zu machen, das Sie während einiger Monate einige Abende pro Woche hören! So wie die Dinge liegen, denken Sie wahrscheinlich an das Orchester als eine heterogene Masse von Instrumenten, die eine verwirrende, angenehme Schallmasse erzeugen. Sie hören nicht auf Details, weil Sie Ihre Ohren nie darauf trainiert haben, auf Details zu hören.

Wenn man Sie bitten würde, die Instrumente zu nennen, die das große Thema am Anfang der c-Moll-Symphonie spielen, könnten Sie sie um Ihres Lebens willen nicht benennen. Dennoch bewundern Sie die c-Moll-Sinfonie. Sie hat Sie begeistert. Sie wird Sie wieder begeistern. Sie haben sogar in ausladender Stimmung mit der verehrten Person darüber gesprochen - Sie wissen, wen ich meine. Und alles, was Sie positiv über die c-Moll-Symphonie sagen können, ist, dass Beethoven sie komponiert hat und dass sie eine "fröhliche feine Sache" ist.

Wenn Sie nun, sagen wir, Herrn Krehbiels "How to Listen to Music" gelesen haben (das man in jedem Buchhandel für weniger als den Preis einer Eintrittskarte in die Alhambra bekommen kann und das Fotos aller Orchesterinstrumente und Pläne der Orchesterbesetzung enthält), dann würden Sie als Nächstes zu einem Promenadenkonzert gehen, bei dem das Interesse daran erstaunlich stark zunimmt. Statt einer wirren Masse würde Ihnen das Orchester als das erscheinen, was es ist - ein wunderbar ausgewogener Organismus, dessen verschiedene Gruppen von Mitgliedern jeweils eine unterschiedliche und unverzichtbare Funktion haben. Sie würden die Instrumente ausspähen und auf ihren jeweiligen Klang hinhören. Sie würden die Kluft kennen, die ein Waldhorn von einem Englischhorn trennt, und Sie würden erkennen, warum ein Spieler des Hackbretts einen höheren Lohn erhält als ein Fiedler, obwohl die Fiedel das schwierigere Instrument ist. Sie würden bei einem Promenadenkonzert leben, während Sie vorher dort lediglich im seligen Koma existierten, wie ein Baby, das auf ein helles Objekt starrt.

Der Grundstein für eine echte, systematische Kenntnis der Musik könnte gelegt werden. Sie könnten Ihre Kenntnisse entweder auf eine bestimmte Musikform (wie z.b. die Symphonie) oder auf die Werke eines bestimmten Komponisten spezialisieren. Am Ende eines Jahres von achtundvierzig Wochen mit jeweils drei kurzen Abenden, verbunden mit dem Studium von Programmen und Konzertbesuchen, die Sie aus Ihrem wachsenden Wissen heraus ausgewählt haben, würden Sie wirklich etwas über Musik wissen, auch wenn Sie so weit davon entfernt sind, "The Maiden's Prayer" auf dem Klavier zu klimpern wie eh und je.

"Aber ich hasse Musik!", sagen Sie. Mein lieber Freund, ich respektiere Sie.

Was für die Musik gilt, gilt auch für die anderen Künste. Ich könnte Mr. Clermont Witts "How to Look at Pictures" oder Mr. Russell Sturgis "How to Judge Architecture" als Anfänge (nur Anfänge) einer systematischen Belebung des Wissens in anderen Künsten erwähnen, für deren Studium in London reichlich Material vorhanden ist.

"Ich hasse alle Künste!", sagen Sie. Mein lieber Freund, ich respektiere Sie mehr und mehr.

Ich werde mich als Nächstes mit Ihrem Fall befassen, bevor ich zur Literatur komme.

X. NICHTS IM LEBEN IST BANAL

Kunst ist eine großartige Sache. Aber sie ist nicht das Größte. Die wichtigste aller Erkenntnisse ist die kontinuierliche Wahrnehmung von *Ursache und Wirkung* - die Wahrnehmung der *kontinuierlichen Entwicklung des Universums* – und die Wahrnehmung des *Verlaufs der Evolution*. Wenn man sich die führende Wahrheit, dass nichts ohne Ursache geschieht, gründlich in den Verstand eingeprägt hat, wächst man nicht nur bedeutend im Kopf, sondern auch im Herzen.

Es ist hart, sich seine Uhr stehlen zu lassen, aber man reflektiert, dass der Dieb der Uhr aus ebenso interessanten wie wissenschaftlich nachvollziehbaren Ursachen der Vererbung und der Umwelt zum Dieb wurde; und man kauft eine andere Uhr, wenn auch nicht mit Freude, so doch jedenfalls mit einer Philosophie, die Bitterkeit unmöglich macht. Man verliert bei der Erforschung von Ursache und Wirkung jene absurde Vorstellung, die so viele Menschen haben, dass sie immer wieder von den unvorhersehbaren Zufällen des Lebens überrascht und gequält werden. Solche Menschen leben inmitten der Welt, als ob die menschliche Natur ein fremdes Land voller schrecklicher fremder Bräuche wäre. Aber wenn man erwachsen geworden ist, sollte man sich doch schämen, ein Fremder in dieser Welt zu sein!

Das Studium von *Ursache und Wirkung* mindert einerseits die Qualen des Lebens, trägt aber auch zur Farbigkeit des Lebens bei. Der Mensch, für den die Evolution nur ein Name ist, betrachtet das Meer als ein grandioses, eintöniges Schauspiel, das er im

August für drei Schillinge dritter Bahn-Klasse erleben kann. Der Mensch, der von der Idee der Entwicklung, von kontinuierlicher Ursache und Wirkung durchdrungen ist, nimmt im Meer ein Element wahr, das in der geologischen Vergangenheit Wasserdampf war, das gestern noch gekocht hat und das morgen unweigerlich Eis sein wird.

Er nimmt wahr, dass eine Flüssigkeit nur etwas ist, das auf dem Weg ist, fest zu werden, und er ist durchdrungen von einem Gefühl für die gewaltige, wechselhafte Bildhaftigkeit des Lebens. Nichts wird ihm eine dauerhaftere Befriedigung verschaffen als die ständig kultivierte Wertschätzung dieser Tatsache. Das ist das Geheimnis aller Wissenschaft.

Ursache und Wirkung sind überall zu finden. Die Mieten in der Vorstadt Shepherd's Bush sind gestiegen. Es war schmerzhaft und schockierend, dass die Mieten im Shepherd's Bush stiegen. Aber bis zu einem gewissen Punkt sind wir alle wissenschaftliche Studenten von Ursache und Wirkung, und es gab keinen Angestellten, der in einem Restaurant in Lyon zu Mittag aß, und der nicht wissenschaftlich zwei und zwei zusammenzählte und in der (ehemals) Zwei-Penny-U-Bahn die Ursache für die übermäßige Nachfrage nach Wigwams im Shepherd's Bush und in der übermäßigen Nachfrage nach Wigwams die Ursache für den Preisanstieg der Wigwams sah.

"Einfach!", sagen Sie verächtlich. Alles - die ganze komplexe Bewegung des Universums - ist so einfach, wenn man nur zwei und zwei hinreichend zusammenzählen kann. Und, mein lieber Freund, vielleicht sind Sie zufällig ein Immobilienmakler, und Sie hassen die Kunst und wollen Ihre unsterbliche Seele fördern, und Sie können sich nicht für Ihr Geschäft interessieren, weil es so eintönig ist.

Nichts ist banal.

Die ungeheure, wechselvolle Farbigkeit des Lebens wird in einem Maklerbüro auf wunderbare Weise vorgeführt. Was! In der Oxford Street gab es einen Verkehrsstau; um den Stau zu umgehen, begannen die Leute tatsächlich in Röhren unter den Kellern und Abflussrohren hindurchzufahren, und das Ergebnis war ein Anstieg der Mieten im Shepherd's Bush! Und Sie sagen, das sei nicht malerisch! Angenommen, Sie würden in diesem Sinne jeden zweiten Abend eineinhalb Stunden lang die Immobilienfrage in London studieren. Würde das nicht Ihren Geschäften Schwung verleihen und Ihr ganzes Leben verändern?

Sie würden zu schwierigeren Problemen kommen. Und Sie könnten uns sagen, warum die längste gerade Straße in London als natürliche Folge von Ursache und Wirkung etwa anderthalb Meter lang ist, während die längste absolut gerade Straße in Paris kilometerlang ist. Ich denke, Sie werden zugeben, dass ich mit einem Immobilienmakler kein Beispiel gewählt habe, das meine Theorien besonders begünstigt.

Sie sind vielleicht ein Bankangestellter und haben nicht diese atemlose Romanze (getarnt als wissenschaftliche Studie), Walter Bagehot's "Lombard Street", gelesen? Ach, mein lieber Freund, wenn Sie damit angefangen und sie jeden zweiten Abend neunzig Minuten lang weiterverfolgt hätten, wie spannend wäre Ihr Geschäft für Sie und wie viel klarer würden Sie die menschliche Natur verstehen.

Sie sind "in der Stadt eingesperrt", aber Sie lieben Ausflüge aufs Land und die Beobachtung von Wildtieren - eine herzerweiternde Ablenkung. Warum gehen Sie nicht eines Nachts mit einem Schmetterlingsnetz in Pantoffeln aus Ihrer Haustür heraus zur nächsten Gaslaterne und beobachten das wild umherfliegende Leben der gemeinen und seltenen Motten und koordinieren das so gewonnene Wissen und bauen darauf einen Überbau auf, um endlich etwas über eine Sache zu erfahren.

Man muss sich nicht den Künsten, nicht der Literatur widmen, um voll und ganz zu leben.

Der ganze Bereich der alltäglichen Gewohnheiten und der Alltagsszene wartet darauf, jene Neugier zu befriedigen, die Leben bedeutet und deren Befriedigung ein verständnisvolles Herz bedeutet.

Ich habe versprochen, mich mit Ihrem Fall zu befassen, oh Mensch, der Kunst und Literatur hasst, und wie Sie sehen habe ich mich damit befasst. Ich komme nun zu dem Fall jener Menschengattung, die glücklicherweise sehr verbreitet ist, nämlich "gerne liest".

XI. ERNSTHAFTE LEKTÜRE

Romane sind von der "ernsthaften Lektüre" ausgeschlossen, so dass der Mensch, der auf Selbstvervollkommnung bedacht ist und sich entschlossen hat, dreimal wöchentlich neunzig Minuten einer vollständigen Studie der Werke von Charles Dickens zu widmen, gut beraten ist, seine Pläne zu ändern. Der Grund dafür ist nicht, dass Romane nicht seriös sind - einige Romane der großen Literatur der Welt sind in Form von Prosafiktion -, sondern dass schlechte Romane nicht gelesen werden sollten und dass gute Romane nie eine nennenswerte mentale Anstrengung seitens des Lesers erfordern. Es sind nur die schlechten Stellen in Merediths Romanen, die schwierig sind. Ein guter Roman eilt vorwärts wie ein Ruderboot einen Bach hinunter, und man kommt am Ende an, vielleicht atemlos, aber geistig unerschöpft. Die besten Romane sind am wenigsten anstrengend. Nun ist bei der Kultivierung des Geistes einer der wichtigsten Faktoren gerade das Gefühl der Anspannung, der Schwierigkeit, der Aufgabe, die ein Teil von Ihnen erreichen will, und ein anderer Teil von Ihnen sich davor drücken will. Dieses Gefühl kann man angesichts eines Romans nicht bekommen. Sie beißen nicht die Zähne zusammen, um "Anna Karenina" zu lesen. Deshalb sollten Sie Romane zwar lesen, aber nicht in diesen neunzig Minuten.

Fantasievolle Poesie erzeugt eine weitaus größere psychische Belastung als Romane. Sie produziert wahrscheinlich die größte Belastung aller Arten von Literatur. Sie ist die höchste Form der Literatur. Sie bringt die höchste Form der Freude hervor und lehrt die höchste Form der Weisheit. Mit einem Wort, es gibt nichts, was man mit ihr vergleichen könnte. Ich sage dies in dem traurigen Bewusstsein, dass die Mehrheit der Menschen keine Gedichte liest.

Ich bin davon überzeugt, dass viele hervorragende Menschen, wenn sie mit den Alternativen konfrontiert würden, entweder "Das verlorene Paradies" zu lesen oder am Mittag auf den Knien in Sackleinen über den Trafalgar Square zu krabbeln, die Qual des öffentlichen Spottes wählen würden. Dennoch werde ich nie aufhören, meinen Freunden und Feinden zu raten, vor allem Gedichte zu lesen.

Wenn Dichtung für Sie das ist, was man "ein versiegeltes Buch" nennt, dann lesen Sie zunächst Hazlitts berühmten Essay über das Wesen der "Poesie im Allgemeinen". Es ist das Beste, was es im Englischen gibt, und niemand, der es gelesen hat, kann sich in dem Irrtum wähnen, dass Poesie eine mittelalterliche Folter ist, oder ein verrückter Elefant, oder eine Waffe, die von selbst losgeht und auf vierzig Schritt Entfernung tötet. In der Tat ist es schwierig, sich den Geisteszustand des Mannes vorzustellen, der nach der Lektüre von Hazlitts Essay nicht dringend den Wunsch verspürt, vor seiner nächsten Mahlzeit ein paar Gedichte zu verspeisen. Wenn der Aufsatz Sie inspiriert, würde ich Ihnen vorschlagen, mit rein erzählerischer Poesie zu beginnen.

Es gibt einen unendlich feineren englischen Roman als alles, was von George Eliot oder den Brontes oder sogar Jane Austen stammt, der von einer

Frau geschrieben wurde, und den Sie vielleicht nicht gelesen haben. Sein Titel lautet "Aurora Leigh", und sein Autor E.B. Browning. Er ist in Versen geschrieben und enthält eine beträchtliche Menge wirklich feiner Poesie. Entscheiden Sie sich, das Buch durchzulesen, auch wenn Sie dabei sterben. Vergessen Sie, dass es feine Poesie ist. Lesen Sie es einfach wegen der Geschichte und der sozialen Ideen. Und wenn Sie das getan haben, fragen Sie sich ehrlich, ob Sie Gedichte immer noch nicht mögen. Ich habe mehr als eine Person gekannt, die mit "Aurora Leigh" bewiesen hat, dass sie sich in der Annahme, dass sie Gedichte hasst, völlig geirrt hat.

Wenn Sie nach Hazlitt, und einem solchen Experiment, das im Lichte von Hazlitt gemacht wurde, endlich sicher sind, dass etwas in Ihnen steckt, das der Poesie entgegengesetzt ist, müssen Sie sich natürlich mit der Geschichte oder der Philosophie zufriedengeben. Ich werde es bedauern, aber nicht untröstlich. "The Decline and Fall", sollte nicht am selben Tag wie "Das verlorene Paradies" erwähnt werden, aber es ist eine überaus hübsche Sache; und Herbert Spencers "Erste Prinzipien" macht sich einfach über die Ansprüche der Poesie lustig und weigert sich, als etwas anderes als das majestätischste Produkt des menschlichen Geistes akzeptiert zu werden. Ich behaupte nicht, dass eines dieser beiden Werke für einen Neuling in geistiger Entwicklung geeignet ist. Aber ich sehe keinen Grund, warum ein Mensch von durchschnittlicher Intelligenz nicht nach einem Jahr kontinuierlicher Lektüre in der Lage sein sollte, die höchsten Meisterwerke der Geschichte oder Philosophie anzugreifen.

Der große Vorteil von Meisterwerken ist, dass sie so erstaunlich klar sind.

Ich schlage keine besondere Arbeit als Anfang vor. Der Versuch wäre im Rahmen meiner Möglichkeiten vergeblich. Aber ich habe zwei allgemeine Vorschläge von gewisser Bedeutung. Der erste ist, die Richtung und den Umfang Ihrer Bemühungen festzulegen. Wählen Sie einen begrenzten Zeitraum, ein begrenztes Thema oder einen einzelnen Autor. Sagen Sie zu sich selbst: "Ich werde etwas über die Französische Revolution oder den Aufstieg der Eisenbahn oder die Werke von John Keats wissen wollen." Und während eines bestimmten Zeitraums, der vorher festgelegt werden muss, beschränken Sie sich auf Ihre Wahl. Es macht viel Freude, ein Spezialist zu sein.

Die zweite Anregung ist, nicht nur zu lesen, sondern auch zu denken. Ich kenne Leute, die lesen und lesen, und bei allem, was ihnen das bringt, könnten sie genauso gut Butterbrote schmieren. Sie lesen genauso gerne, wie andere Menschen auch trinken. Sie flitzen schnell wie ein Auto durch die Fetzen der Literatur, ihr einziges Ziel ist die Geschwindigkeit. Sie werden Ihnen sagen, wie viele Bücher sie in einem Jahr gelesen haben.

Wenn Sie nicht mindestens fünfundvierzig Minuten lang sorgfältig und ermüdend darüber nachdenken (am Anfang ist es schrecklich langweilig), was Sie gerade lesen, sind Ihre neunzig Minuten eines Abends weitgehend verschwendet. Das bedeutet, dass Ihr Tempo langsamer sein muss.

Das macht aber nichts.

Vergessen Sie das Ziel, denken Sie nur an die Landschaft, die Sie dort erwartet, und nach einer gewissen Zeit, vielleicht wenn Sie es am wenigsten erwarten, werden Sie sich plötzlich in einer schönen Stadt auf einem schönen Berg wiederfinden.

XII. GEFAHREN, DIE ES ZU VERMEIDEN GILT

Ich kann diese Hinweise, die, wie ich fürchte, oft zu didaktisch und abrupt sind, nicht für diejenigen beenden, die ihre Zeit bis zum großen Ende des Lebendigseins (im Unterschied zum vegetierenden Leben) voll ausnutzen, ohne kurz auf bestimmte Gefahren hinzuweisen, die den aufrichtigen Anwärter für das lebendige Leben erwarten. Das Erste ist die schreckliche Gefahr, zu dem widerwärtigsten und am wenigsten unterstützenswerten Menschen zu werden - einem Besserwisser. Nun ist ein Besserwisser ein vorwitziger Bursche, der sich selbst als mit überlegener Weisheit ausgestattet ausgibt. Ein Besserwisser ist ein aufgeblasener Narr, der sich auf einen feierlichen Spaziergang begibt und ohne es zu wissen, einen wichtigen Teil seiner Kleidung verloren hat, nämlich seinen Sinn für Humor. Ein Besserwisser ist ein langweiliges Individuum, das, nachdem es eine Entdeckung gemacht hat, von dieser so beeindruckt ist, dass er ernsthaft verärgert sein kann, weil nicht die ganze Welt ebenfalls davon beeindruckt ist. Unbewusst zum Besserwisser zu werden, ist eine einfache und verhängnisvolle Sache.

Wenn man sich also auf das Unterfangen begibt, seine ganze Zeit zu nutzen, ist es gut, sich daran zu erinnern, *dass die eigene Zeit und nicht die Zeit anderer Menschen* das Material ist, mit dem man sich beschäftigen muss; und dass die Erde sich ziemlich bequem weiterdrehte, bevor man begann, einen Zeitplan aufzustellen, und dass sie sich weiterhin ziemlich bequem weiterdrehen wird, ob man in seiner neuen Rolle als Schatzmeister der Zeit erfolgreich ist oder nicht. Es ist auch nicht angebracht, zu viel darüber zu sprechen, was man tut, und eine allzu schmerzhafte Betroffenheit über das Spektakel einer ganzen Welt an den Tag zu legen, die bewusst so viele Stunden eines jeden Tages vergeudet und deshalb nie wirklich lebt. Letztendlich wird sich herausstellen, dass man nur für sich selbst alles tun kann, was man tun kann.

Eine weitere Gefahr ist die Gefahr, wie ein Sklave an ein bestimmtes Programm gefesselt zu sein. Man darf nicht zulassen, dass das eigene Programm mit einem durchbrennt. Es muss respektiert werden, aber es darf nicht als Fetisch verehrt werden. Ein Programm der täglichen Beschäftigung ist *keine Religion*.

Das scheint offensichtlich. Doch ich kenne Menschen, deren Leben eine Last für sie selbst und eine erschütternde Last für ihre Verwandten und Freunde ist, einfach weil sie das Offensichtliche nicht erkannt haben. "Oh, nein", habe ich die Märtyrerfrau rufen hören, "Arthur geht immer um acht Uhr mit dem Hund zum Auslauf, und er beginnt immer um Viertel vor Neun zu lesen. Es kommt also nicht infrage, dass wir ..." usw., usw. Und der Ton absoluter Endgültigkeit in dieser klagenden Stimme enthüllt die unvermutete und lächerliche Tragödie einer Karriere.

Auf der anderen Seite ist ein Programm ein Programm. Und wenn es nicht mit Respekt behandelt wird, hört es auf, alles andere als ein schlechter Witz zu sein. Sein Programm mit genau der richtigen Menge an Respekt zu behandeln, mit nicht zu viel und nicht zu wenig Elastizität zu leben, ist kaum die einfache Angelegenheit, die dem Unerfahrenen so erscheinen mag.

Und noch eine weitere Bedrohung ist die Gefahr, eine Politik der Eile zu entwickeln, immer mehr von dem besessen zu sein, was man als Nächstes zu tun hat. Auf diese Weise kann man wie in einem Gefängnis existieren, und das eigene Leben kann aufhören, das eigene zu sein. Man kann um acht Uhr mit dem Hund spazieren gehen und die ganze Zeit darüber meditieren, dass man um Viertel vor Neun mit dem Lesen beginnen muss und nicht zu spät kommen darf.

Und das gelegentliche, absichtliche Abbrechen des Programms hilft nicht, die Dinge zu verbessern. Das Übel entsteht nicht dadurch, dass man ohne Elastizität in dem, was man versucht hat, verharrt, sondern dadurch, dass man ursprünglich zu viel versucht hat, dass man sein Programm ausfüllt, bis es überläuft. Das einzige Heilmittel besteht darin, das Programm neu zu erstellen und weniger zu versuchen.

Aber der Appetit auf Wissen wächst durch das, wovon es sich nährt, und es gibt Menschen, die in ständiger atemloser Eile zu sich selbst finden. Von ihnen kann man sagen, dass eine ständige atemlose Eile besser ist als ein ewiges Dösen.

Wenn das Programm eine Tendenz zur Unterdrückung aufweist und man es dennoch nicht ändern möchte, ist es auf jeden Fall ein hervorragendes Linderungsmittel, mit übertriebener Überlegung von einem Teil des Programms zum anderen überzugehen; zum Beispiel fünf Minuten in vollkommener geistiger Ruhe zwischen dem Anketten des Bernhardiners und dem Öffnen des Buches zu verbringen; mit anderen Worten, fünf Minuten mit dem vollen Bewusstsein zu verschwenden, sie zu verschwenden.

Die letzte und wichtigste Gefahr, auf die ich hinweisen möchte, ist eine, auf die ich bereits hingewiesen habe - die Gefahr eines Misserfolgs zu Beginn der Unternehmung. Ich muss nochmals darauf hinweisen.

Ein Fehlschlag zu Beginn kann den neugeborenen Impuls hin zu einer vollständigen Vitalität leicht zunichtemachen, und deshalb sollten alle Vorsichtsmaßnahmen beachtet werden, um dies zu vermeiden. Der Impuls darf nicht überstrapaziert werden. Lassen Sie das Tempo der ersten Runde sogar absurd langsam sein, aber lassen Sie es so regelmäßig wie möglich sein.

Und wenn man sich einmal entschieden hat, eine bestimmte Aufgabe zu erfüllen, so soll man sie um jeden Preis der Langeweile und des Widerwillens erfüllen. Der Gewinn an Selbstvertrauen, eine lästige Arbeit geleistet zu haben, ist immens.

Lassen Sie sich schließlich bei der Wahl der ersten Tätigkeiten in diesen Abendstunden von nichts anderem als Ihrem Geschmack und Ihrer natürlichen Neigung leiten.

Es ist eine schöne Sache, ein wandelndes Lexikon der Philosophie zu sein, aber wenn Sie zufällig keine Vorliebe für die Philosophie haben aber dafür eine Vorliebe für die Naturgeschichte der Straßengeräusche, dann lassen Sie die Philosophie besser in Ruhe und wenden Sie sich den Straßengeräuschen zu.

Naturwissenschaft, Physik und Astronomie

– **Äquivalenz von Information und Energie.** Von: K.-D. Sedlacek
– **Das Gesetz im Zufall:** Wie sich verborgene Gesetzlichkeit manifestiert. Von: Moritz Cantor u. K.-D. Sedlacek (Hrsg.)
– **Die Transzendenz der Realität :** Spuren einer allumfassenden transzendenten Realität jenseits von Raum und Zeit. Von: K.-D. Sedlacek
– **Einsteins Relativitätstheorie ganz ohne Mathematik.** Spezielle und allgemeine Relativitätstheorie. Von: Prof. Dr. Paul Kirchberger u. K.-D. Sedlacek (Hrsg.)
– **Freizeitvergnügen Sternenhimmel mit bloßem Auge:** Wie man Sternbilder auffindet ohne Instrumente. Von: Prof. Dr. Paul Kirchberger u. K.-D. Sedlacek (Hrsg.)
– **Phänomen Naturgesetze:** Das Geheimnis hinter den Erscheinungen der Welt. Von: K.-D. Sedlacek
– **Supervereinigung:** Wie aus nichts alles entsteht. Von: K.-D. Sedlacek
– **Die Natur psycho-physikalischer Phänomene.** Erforschung telekinetischer Vorgänge. Von: Schrenck-Notzing, A. u. Klaus D Sedlacek (Hrsg.)
– **Giganten der Physik.** Die Top10-Physiker der Menschheitsgeschichte. Von: Klaus-Dieter Sedlacek (Hrsg.)
– **Der allmächtige Informatiker:** Das Mysterium des Universums. Von Sir James Jeans u. K.-D. Sedlacek (Hrsg.)
– **Der verborgene Mechanismus des Weltgeschehens:** Neue Erkenntnisse über die Gestalten biotechnischer Systeme der Welt. Von: Dr. h. c. Raoul Francé u. K.-D. Sedlacek
– **Der erdgeschichtliche Klimawandel:** Den wahren Ursachen von Klimaschwankungen auf der Spur. Von Wilhelm Bölsche u. K.-D. Sedlacek (Hrsg.)
– **Wege zur physikalischen Erkenntnis.** Meine wissenschaftlichen Selbstbiographie, Reden und Vorträge. Von **Max Planck** u. K.-D. Sedlacek (Hrsg.)

– **Leonardo da Vinci:** Seine naturwissenschaftlichen Studien und genialen Erfindungen. Von Hermann Grothe u. K.-D. Sedlacek (Hrsg.).
– **The philosophy of physical science.** By Sir Arthur Eddington.
– **The nature of the physical world.** By Sir Arthur Eddington.
– **Leben in der Warmzeit der Erde.** Aus den Urtagen vor dem heutigen Klimawandel. Von Wilhelm Bölsche und K.-D. Sedlacek (Hrsg.
– **Treibhauseffekt und Klimawandel:** Energiewende, ja bitte, aber nicht wegen CO_2. Von Klaus-Dieter Sedlacek (Hrsg.)
– **Über die Gewissheit von Vorhersagen:** Wahrscheinlichkeiten bestimmen ohne Formelballast. Von Klaus-Dieter Sedlacek (Hrsg.)

Chemie

– **Der Stein der Weisen:** Wie die Alchemie zur Chemie wurde. Von: Wilhelm Ostwald et. al. u. K.-D. Sedlacek (Hrsg.)
– **Durchblick Chemie:** Praktische Grundlagen und Einführung in die anorganische, organische und Biochemie. Von: Prof. Dr. Lassar-Cohn, Prof. Dr. W. Löb, K.-D. Sedlacek

Natur- und Philosophie

– **Die letzten Ursachen.** Das Buch der Naturerkenntnis. Von: K.-D. Sedlacek
– **Gebundener Wille:** Wie frei ist menschlicher Wille tatsächlich? Von: K.-D. Sedlacek, G.F. Lipps et. al.
– **Jenseits der Erscheinungen:** Erkennbarkeit und Realität der Quantennatur. Von: Prof. Dr. M. Schlick u. K.-D. Sedlacek (Hrsg.)
– **Kleines Wörterbuch der Natur-Philosophie:** 1200 Begriffe, die man kennen sollte, kurz und prägnant. Von: K.-D. Sedlacek
– **Naturphilosophie:** Das Wesen von Naturgesetzen und die Erklärung des Lebens. Von: Prof. Dr. M. Schlick u. K.-D. Sedlacek (Hrsg.)

BUCHTIPPS

- **Vereinbarkeit von Religion und Naturwissenschaft.** Von: Kurd Laßwitz u. K.-D. Sedlacek (Hrsg.)
- **Das Konzept des Guten.** Sinnliches Empfinden – Der Ursprung unserer Wertvorstellungen. Von: Klaus-Dieter Sedlacek (Hrsg.)
- **Ist echte Erkenntnis möglich?** Einführung in die Erkenntnistheorie. Von: Prof. Dr. Erich Becher u. K.-D. Sedlacek (Hrsg.)
- **Das individuelle Ich:** Was ist der Kern des SelbstBewusstseins? Von: Th. Lipps u. K.-D. Sedlacek (Hrsg.).
- **Persönlichkeit und Unsterblichkeit:** In welcher Form existiert ein Weiterleben nach dem zeitlichen Ende? Von: Wilhelm Ostwald u. K.-D. Sedlacek (Hrsg.)
- **Die idealistischen Grundwerte unserer Kultur.** Von Johannes M. Verweyen u. K.-D. Sedlacek (Hrsg.)
- **Was sind Wirklichkeiten?** Aufgedeckte Naturgeheimnisse. Von Kurd Laßwitz u. K.-D. Sedlacek (Hrsg.)

BEWUSSTSEIN

- **Leben nach dem Leben:** Befreiung des Bewusstseins von den Fesseln der Zeit. Von: K.-D. Sedlacek
- **QuantenBewusstsein.** Von: N. Wrobel u. K.-D. Sedlacek
- **Synthetisches Bewusstsein.** Von: K.-D. Sedlacek
- **Unsterbliches Bewusstsein:** Raumzeit-Phänomene, Beweise und Visionen. Von: K.-D. Sedlacek

LEBEN UND MEDIZIN

- **Leben aus Quantenstaub.** Von: N. Wrobel u. K.-D. Sedlacek,
- **Was ist Krankheit?** Von: N. Wrobel u. K.-D. Sedlacek
- **Bewusstsein und Unsterblichkeit.** Von: C. L. Schleich u. K.-D. Sedlacek (Hrsg.)
- **Die Lebenskraft:** Wie Enzyme, Bewusstsein und quantenbiologische Effekte das Leben regulieren. Von: K.-D. Sedlacek u. N. Wrobel,

- **Die verborgene Ordnung des Weltsystems.** Neue Erkenntnisse über die schöpferischen Kräfte der Natur. Von: Dr. h. c. Raoul Francé u. K.-D. Sedlacek (Hrsg.)
- **Homöopathie und Praxis:** Naturheilkundliche alternative Medizin für den mündigen Patienten. Von: Dr. med. J. Voorhoeve u. K.-D. Sedlacek (Hrsg.)
- **Eine andere Sicht auf die Entstehung der sporadischen Form der Alzheimerkrankheit.** Von Norbert Wrobel u. K.-D. Sedlacek (Hrsg.)
- **Bleib beweglich und fit ohne Geräte.** Leichte ärztliche Zimmergymnastik für jedes Alter. Von Moritz Schreber.
- **Plötzlich gesund.** Medizinische Wunderheilungen und die Macht organische Leiden psychisch zu beeinflussen. Von Erwin Liek.

PSYCHOLOGIE

- **Gestalt-Psychologie:** Einführung in die neue Psychologie vom Begründer der Gestaltpsychologie. Von: Prof. Dr. Kurt Koffka u. K.-D. Sedlacek (Hrsg.)
- **Die ersten Spuren psychischer Erscheinungen:** Das psychische Leben von Mikroorganismen – Eine Studie in experimenteller Psychologie. Von Alfred Binet u. K.-D. Sedlacek (Übers.)
- **Allgemeine moderne Psychologie:** Systematische Einführung in die Wissenschaft psychischer Prozesse. Von August Messer u. K.-D. Sedlacek (Hrsg.).
- **Strahlende Kräfte durch positives Denken:** Die Wurzeln des Erfolgs und Wege zum Glück. Von Emil Peters u. K.-D. Sedlacek (Hrsg.)
- **Neue praktische Menschenkenntnis.** Ein Ratgeber zur Menschenbehandlung mit zahlreichen Bildern und Beispielen. Von Johannes Maria Verweyen.
- **Massenpsychologie am Beispiel Jan Bockelsons.** Geschichte eines Massenwahns mit einer Einführung von Sigmund Freud. Von Friedrich Reck-Malleczewen u. K.-D. Sedlacek (Hrsg.)

BIOLOGIE

– Wie intelligent sind Pflanzen? Sensationelle Einblicke in die geheime Seite des pflanzlichen Wesens. Von Prof. Dr. phil. Adolf Wagner u. K.-D. Sedlacek

– Über Menschenaffen, Tierseele und Menschenseele: Intelligenzprüfungen an Hominiden. Von Wilhelm Bölsche et. al. und K.-D. Sedlacek (Hrsg.)

GESCHICHTE, VOR- U. FRÜHGESCHICHTE

– Die geheimnisvolle Kultur der alten Kelten. Von Druiden, Fürstensitzen und der Lebensart unserer frühgeschichtlichen Vorfahren. Von Georg Grupp u. K.-D. Sedlacek (Hrsg.)

– Der Alchemist Leonhard Thurneysser: Die Lebensgeschichte des Goldmachers von Berlin. Von Klaus-Dieter Sedlacek (Hrsg.)

– Es begann mit Feuerskraft. Das Werden des Menschen und seiner Kultur. Von Carl W. Neumann u. K.-D. Sedlacek (Hrsg.)

– Gefangen zwischen Eisschollen: Die dramatische Entdeckungsgeschichte der Antarktis. Von Klaus-Dieter Sedlacek (Hrsg.)

– Die Kultur der Azteken: Mit einem Anhang Große Landesausstellung Baden-Württemberg „Azteken" im Lindenmuseum. Von William Prescott.

RATGEBER

– Kultur erleben mit den Wohnmobil in Frankreich: Vierzig kulturelle Highlights, Park- und Übernachtungspätze sowie Navigationskoordinaten. Von Klaus-Dieter Sedlacek

– Kochbuch für ganze Kerle: Kräftige und Feinschmeckergerichte für Freizeit und Camping. Von K.-D. Sedlacek (Hrsg.)

– Der Weg zu Wohlstand und Reichtum: Goldene Regeln für den Aufbau einer selbständigen Existenz. Von P.T. Barnum u. K.-D. Sedlacek (Hrsg.)

– Wie man seinen Verstand benutzt: Ein praktisches Handbuch der Psychologie. Von William Walker Atkinson u. K.D. Sedlacek (Übersetzer)

– Besseres Gedächtnis: Wie man es stärkt, trainiert und einsetzt. Von William Walker Atkinson u. K.D. Sedlacek (Übersetzer)

FORSCHUNGSREISEN U. ABENTEUER

– Meine erste Weltumseglung: Tagebuch einer epochalen Expedition. Von James Cook u. K.-D. Sedlacek (Hrsg.)

– Exotische Reise durch Persien: Abenteuerlicher Bericht aus einer fremdartigen Welt des 19ten Jahrhunderts. Von Pierre Loti u. K.-D. Sedlacek (Hrsg.)

– Mit der Beagle um die Welt: Bericht meiner Forschungsreise zum Galapagos-Archipel. Von Charles Darwin u. K.-D. Sedlacek (Hrsg.)

– Peking-Paris im Automobil: Die legendäre 16.000 km – Rallye 1907. Von Luigi Barzini u. K.-D. Sedlacek (Hrsg.)

Buchshop:

–

—